図解入門
How-nual
Visual Guide Book

よくわかる**最新**
給排水衛生設備の基本と仕組み

上・下水道、消火、衛生器具、ガス……

［第2版］

土井 巖 著

秀和システム

はじめに

　本書は2011年10月に初版を発行して8年が経過しました。

　給排水衛生設備の基本と仕組みは、原則大きな変更等はありませんが、地方公共団体が制定する条例、内閣が制定する政令等の加筆や削除などがありますので、ここで再度、この本の意義を見直し次なる発展を目指したいと思います。

　給排水衛生設備は、どのような建物にも必要不可欠なものです。その設備の満足度により、建物全体の評価にもつながる重要なものです。

　設備機器類は、日進月歩の開発・発展をし続けています。設備方式や構成機器の選定も変化しており、適切でなければ、その建物の目標及び評価は満たされません。

　今日ではますます設備の認識が高まり、より高度なものが要求され、建築意匠や構造にまで影響を与えるものとなっています。

　本書は、建物や施設における給排水衛生設備の実務解説書として、基礎的なことから最新の情報・知っておくべきことをわかりやすく解説し、より活用できるよう心掛けました。

　ただし、本書を読むだけで良しとするのではなく、種々の資料や行政官公庁の指導等も沢山ありますので、面倒がらずに一つひとつ挑戦し解決していくことが、建築設備技術者の基本姿勢です。

　その意味で本書を役立てていただき、技術向上の一助になれば幸いです。

2019年4月

土井　巖

Contents

図解入門よくわかる
最新給排水衛生設備の基本と仕組み【第2版】

はじめに ………………………………………………………………………… 2

第1章 給排水衛生設備とは

1-1	給排水衛生設備の種類 ………………………………………………	10
1-2	法規の体系 ……………………………………………………………	12

第2章 給水設備

2-1	給水源 …………………………………………………………………	18
2-2	井戸 ……………………………………………………………………	22
2-3	水質基準 ………………………………………………………………	23
2-4	主な給水設備の用語 …………………………………………………	24
2-5	給水設備設計の手順 …………………………………………………	28
2-6	給水方式のいろいろ …………………………………………………	30
2-7	給水方式の選定 ………………………………………………………	32

2-8	給水方式の決定	34
2-9	給水量の算定	36
2-10	給水人員の算定	38
2-11	人数算定法による予想給水量の算定	42
2-12	器具数法による予想給水量の算定	44
2-13	受水槽容量の算定	47
2-14	高置水槽容量の算定	49
2-15	揚水ポンプの算定	50
2-16	直結増圧給水ポンプの算定	53
2-17	給水管径の決定	55
2-18	器具給水負荷単位とは	59
2-19	配管摩擦抵抗の算定	69
2-20	許容摩擦抵抗 R 値の算定	71
2-21	給水設備で使用される配管類	73
2-22	水道メーター	74
2-23	給水設備の配管保温材	75
2-24	配管スペース	76
2-25	節水のすすめ	78
コラム	家族の水の使用量をチェック	80

第3章 給湯設備

3-1	給湯設備の用語	82
3-2	給湯設備設計の手順	87
3-3	給湯方式選定の手順	89

Contents

3-4	給湯システムでの注意事項	91
3-5	エコ給湯器	94
3-6	給湯方式の比較	98
3-7	給湯温度と使用温度	100
3-8	給湯量の算定	102
3-9	給湯単位法による給湯量の算定	105
3-10	給湯機器の算定	106
3-11	給湯管径の決定	109
3-12	給湯用循環ポンプの算定	112
3-13	安全装置の設計	114
3-14	膨張タンクの容量	116
3-15	浴場施設用循環ろ過装置	118
3-16	太陽熱給湯システム	121
3-17	給湯設備に使用する主な管と継手類	122
3-18	給湯設備における省エネルギー	123

第4章 排水通気設備

4-1	主な排水設備の専門用語	126
4-2	排水設備の設計手順	131
4-3	各段階での検討事項	132
4-4	排水の排除方式	134
4-5	排水・通気配管の名称	136
4-6	雨水の排除方式	138
4-7	排水量の算定	139

4-8	排水流量の算定 ……………………………………	142
4-9	排水管径の決定 ……………………………………	144
4-10	排水管径の決定(定常流量法) ……………………	150
4-11	通気管径の決定 ……………………………………	156
4-12	雨水管径の決定 ……………………………………	160
4-13	合流式の雨水管・排水管の口径算定法 …………	163
4-14	雨水量算定式 ………………………………………	164
4-15	雨水量の算定手順 …………………………………	165
4-16	排水設備の機器容量の決定 ………………………	167
4-17	排水トラップ ………………………………………	168
4-18	排水・通気管材 ……………………………………	171
コラム	「ゲリラ豪雨」とは …………………………………	172

第5章 衛生器具設備

5-1	衛生器具設備の概要 ………………………………	174
5-2	衛生器具の選定手順 ………………………………	176
5-3	衛生器具とその特色 ………………………………	178
5-4	水栓器具とその特色 ………………………………	185
5-5	衛生器具数の選定 …………………………………	188
コラム	常に進化し続ける衛生器具設備 …………………	190

Contents

第6章 消火設備

- 6-1　主な消火設備の専門用語 …………………………………… 192
- 6-2　消火設備の設置対象 …………………………………………… 198
- 6-3　屋内消火栓設備 ………………………………………………… 202
- 6-4　屋外消火栓設備 ………………………………………………… 208
- 6-5　連結送水管設備 ………………………………………………… 211
- 6-6　スプリンクラー設備 …………………………………………… 214
- 6-7　連結散水設備 …………………………………………………… 220
- 6-8　水噴霧消火設備 ………………………………………………… 222
- 6-9　泡消火設備 ……………………………………………………… 224
- 6-10　粉末消火設備 …………………………………………………… 228
- 6-11　消火器設備 ……………………………………………………… 231

第7章 ガス設備

- 7-1　主なガス設備の専門用語 ……………………………………… 234
- 7-2　都市ガスの種類 ………………………………………………… 238
- 7-3　ガス設備設計の手順 …………………………………………… 240
- 7-4　ガス使用量の算定 ……………………………………………… 245
- 7-5　ガスメーターの選定 …………………………………………… 248
- 7-6　ガス配管の設計 ………………………………………………… 249
- 7-7　ガス配管口径の決定 …………………………………………… 251

7-8	LPガスの基本事項	255
7-9	LPガス設備設計の手順	256
7-10	LPガス機器のガス消費量	258
7-11	LPガス機器類	260
7-12	LPガス配管口径の求め方	264

第8章 し尿浄化槽設備

8-1	主なし尿浄化槽設備の基礎	270
8-2	主なし尿浄化槽設備の用語	272
8-3	し尿浄化槽の豆知識	281
8-4	浄化槽の設計	283
	索　引	288
	著者プロフィール	293

給排水衛生設備とは

　給排水衛生設備は、一般に地味で、あまり技術の変化がない分野のように思われがちですが、私たちの日常生活と密接な関係をもち、建物内の衛生的で安心・安全な環境を保つための重要な設備です。時代ごとの社会的要求を的確にとり入れ、日々、多様化しています。特に現在は、省エネ、エコ対策等課題も多く、緊急を要するものも少なくありません。
　建物の水環境を衛生的で快適なものに創造すること、人にやさしく、機能的で安全であること、防災や震災などの非常時に対する備えを有していなければならないのです。

給排水衛生設備の種類

給排水衛生設備は、水を中心に供給系・排出系に含むすべての設備です

Point
- 水系の消火設備、ガス設備、ごみ処理設備等も給排水衛生設備です。
- 特殊設備には、ろ過装置、厨房設備、洗濯設備、医療用配管設備も含みます。
- 省エネやエコ設備が注目され、種類が多様化しています。

給排水衛生設備

給排水衛生設備は、さまざまな設備を組み合わせた総合的なシステムとして機能しています。供給系としての**給水設備**、**給湯設備**等があり、排出系としては**排水・通気設備**、**処理設備**、**除害施設**などがあります。この供給系と排出系の接点に**衛生器具設備**と**特殊設備**があります。これらが相互に関連して機能しています。

なお、このほかに、水系の**消火設備**、**ガス設備**、**ごみ処理設備**などを広く含めて、一般に給排水衛生設備といいます。

建築設備の仕組み

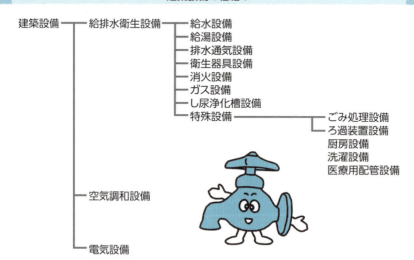

1-1 給排水衛生設備の種類

給排水衛生設備のイメージ

給排水衛生設備は、建物内で、人間の消化器官のような働きをしています。

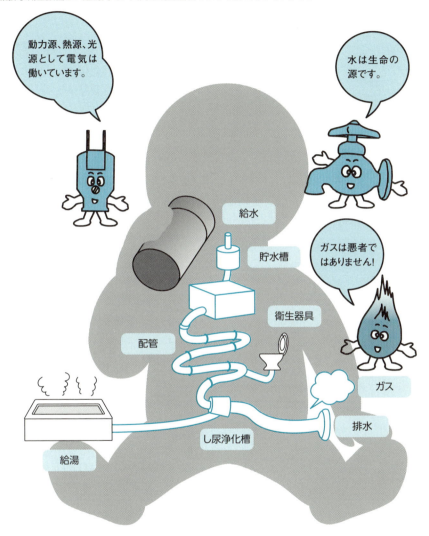

第1章 給排水衛生設備とは

1-2 法規の体系
建築設備に関する法規のいろいろ

> **Point**
> - 法規の中身を知りましょう
> - 法規用語の解釈不足で誤りを起こさないで！

法律の体系

日本では、法体系の頂点には憲法がおかれていて、憲法内容を実現するために、民法や商法、刑法といった法律が定められています。

さらに、法律の内容を補完するために、地方公共団体が制定する条例、内閣が制定する政令などが定められています。

■**憲法**:国の組織、活動の基本事項を定めたもので、国の最高法規です。

規制

■**法律**:国会の議決によって制定される法をいう。憲法に次ぐ効力をもっていますが、一般には基本的事項についてのみ定め、具体的な細目はその法律によって政令や省令などに委任するのが普通です。例えば、「建築基準法」は法律です。

■**条例**:地方公共団体が、議会の決議により、その行政事務について規定したものです。その内容は国の法令の範囲内で制定されています。例えば、「東京都建築安全条例」などです。

■**細則**:地方公共団体が法律、政令、省令、条例を施行するために必要な事項を定めた規則を細則とよんでいます。

■**政令**:国の行政機関が制定する法形式の総称を命令といい、政令や省令がこれに当たります。政令は法律を実施するため、内閣で閣議が決定し制定する命令です。国の行政機関が制定する法形式の総称を命令といい、政令や省令がこれに当たります。政令は法律を実施するため、内閣で閣議が決定し制定する命令です。

■**省令**:各省大臣が所管の行政事務について、法律や政令を施行するため、法律や政令の特別な委任により発する命令です。例えば、「建築基準法施行規則」は、大臣が発令した省令です。「ボイラー及び圧力容器安全規則」など、他にもいろいろあります。

■**告示**:法令などの補足事項を示すために、各省から発令される命令です。「建設省告示第1875号」などがそれに当たります。

*その他にも通達、基準、要綱、指針などがあり、これらも法規と似たような拘束力を持っていることが多くあります。

法律用語「以上、以下」「超える、未満」

● 「以上」「以下」

そこに出ている数値は、含まれます。例えば、「1,000㎡以上」とあったら、1,000㎡も含まれます。また、「1,000㎡以下」とあった場合は、その中には1,000㎡が含まれます。

● 「超える」「未満」

そこに出ている数値は含まれません。例えば、「1,000㎡を超える」とあったら、その中には1,000㎡は含まれず、1,000㎡を少しでも超えた面積のものについてのみ法律などが適用されることになります。同様に、「1,000㎡未満」の場合は、1,000㎡は含まれません。

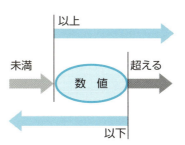

1-2 法規の体系

関係法令一覧表

給排水衛生設備には、各設備に関する関係法令がたくさんあります。それぞれが関係する主な法令を列記してみました。この関係法令を無視しては、計画も実施もできません。事前の確認が必要となります。

設備項目	対象	建築基準法	ビル管理法*1	労働安全衛生法	水道法	下水道法	地下水採取規制法*2	水質汚濁防止法	浄化槽法	廃棄物処理法*3	消防法	ガス事業法	液化石油ガス法*4
各設備共通	配管一般	○											
給水設備	水道直結部分				○								
	その他の部分	○			○*5								
	圧力タンク			○									
	井戸						○						
給湯設備	水道直結部分				○								
	その他の部分	○											
	ボイラ・貯湯槽			○									
排水・通気設備	屋内部分	○											
	屋外部分	○				○*7							
	放流先					○		○					
浄化槽設備	放流水質	○							○				
	構造	○											
	施工								○				
衛生器具設備	トラップ・阻集器	○											
	設置個数			○*6									
消火設備											○		
ガス設備	都市ガス系統										○	○	
	液化石油ガス系統										○		○
	給排気	○											
維持管理	給排水衛生設備	○	○		○*8								
	し尿浄化槽設備								○	○			
	消火設備										○		

*1 建築物における衛生的環境の確保に関する法律。
*2 建築物用地下水の採取の規制に関する法律。
*3 廃棄物の処理および清掃に関する法律。
*4 液化石油ガスの保安の確保および取引の適正化に関する法律。
*5 簡易専用水道となる場合。
*6 他にも適用法規あり。
*7 公共下水道の排水区域内の場合。
*8 給水設備。

給排水に関する許認可

　法規に基づいて仕事を行うことを事前に所管官庁などに届け出て、その計画・設計内容、施工方法・施工手順や運転維持管理の方法などの検討・確認を得、さらに許可などを得ておかなければなりません。このような手続の一連の行為を**許認可**と呼んでいます。

申請・届出の名称	届出先	提出時期	法令
建築確認申請	建築主事	着工前	建基法第6条
消防用設備等着工届	消防長又は消防署長	着工10日前	消防法
火を使用する設備等の設置届	消防長	着工7日前	消防法
危険物設置許可申請	市町村長など	着工前	消防法
ボイラー設置届	労働基準監督署	着工30日前	安衛法第38条
第一種圧力容器設置届	労働基準監督署	着工30日前	安衛法第38条
ばい煙発生施設設置届	知事又は市長	着工60日前	大気法第6条
高圧ガス製造許可申請書	知事	製造開始20日前	冷凍規
給水装置工事申込書	水道事業管理者	着工前	地方給水条例
排水工事計画届	下水道事業管理者	着工前	地方給水条例
液化石油ガス貯蔵開始届	消防長又は消防署長	着工前	消防法
道路使用許可申請	警察署長	着工前	道交法第77条

　給排水関連の規格には、国際規格(ISO規格)、国家規格(JIS規格、JAS規格)、官公庁規格、業界団体規格などがあります。

● ISO規格

　規格を、国際的に統一し、標準化することを目的として制定された規格です。現在、話題になっている、品質管理および品質保証に関するISO9000sや、環境保護に関するISO14000sがあります。

1-2 法規の体系

設備関係書類等の一覧

項目		必要となる時期			
書類等の名称	内容(特に重要な点)	受注時	基本設計時	実施設計時	設計完了時
設計業務工程表	発注側より受取、給排水設備の使用開始時の確認。	○			
設計作図計画書	設計作業工程の確認。事前協議には注意が必要。	○			
設計与条件書	発注者の主旨、要望をしっかり把握する。	○			
現地調査書	都市インフラの既設物の有無の確認。近隣調査等。		○		
官公庁調査書	都市インフラの可能範囲等の協議と特別指導の有無。		○		
設備計画計算書	発注者の要望や建築計画に合わせての概要設備計算。		○		
LCC比較検討書	概算イニシャルコストとランニングコスト比較。		○	○更新	○更新
設備設計企画計画書	設備方式と機器容量及び外形寸法等。		○	○更新	○更新
雨水流出抑制施設計画書	地域別指導がある。必要な場合は確認申請時までに。		○	○更新	○更新
防災計画書	消防と協議で、防火対象物に必要な消防設備の可否。		○	○更新	○更新
法規チェック	建築基準法と消防法を基本に、各条例等にも注意。		○	○更新	○更新
防火区画計画書	建築説明を受け、その計画での設備低減策を提案。		○	○更新	○更新
排煙区画計画書	建築説明を受け、その計画での設備低減策を提案。		○	○更新	○更新
避難区画計画書	建築説明を受け、その計画での設備低減策を提案。		○	○更新	○更新
是正処置記録簿	防災・区画問題で協議後是正する場合の記録。	○		○	○更新
予防処置記録簿	防災・区画問題で協議後予防処置必要な場合の記録。	○		○	○更新
共通企画検討設計図書	詳細検討必要箇所(特に納まり問題等)		○	○更新	○更新
各種設備技術基準および標準仕様書	各社で、しっかりした基準や標準仕様書を常備する。	●常備	●常備	●常備	●常備
標準詳細図集	納まり、指示事項を明記した標準詳細図集を常備する。	●常備	●常備	●常備	●常備
基本設計審査・検証	審査および検証基準値を明確にしておく。	○	○更新		
設備設計チェックリスト(確認申請用)	確認時に必要なチェックリストです。		○		
設備設計チェックリスト(実施設計完了時用)	受注時の主旨・要望を含み、各設備項目ごとに検証。			○	
設計完了報告書(届)	建物規模、設計実務期間、設備内容等を担当が報告。			○	
設計打ち合せ記録簿	受注から完了までの設計議事録等すべてをまとめる。	○	○更新	○更新	○更新
建築設備設計合否判定基準	容量・算出計算等で、採用となる合否判定基準です。		○	○更新	○更新

給水設備

　給水設備とは、建築物などに、生活・業務に必要な水を供給する設備のことです。

　給水源としては、主に上水道が用いられますが、他にも井戸水を用いたり、使用済みの排水を処理して再利用する中水道を用いる場合もあります。

　大規模な建物では、経済性から飲料・洗面用には上水道を用い、便器の洗浄などの雑排水には井戸水や中水道を利用する場合があります。

　本章では、それぞれの機能を果たすために必要な水量や水圧をコントロールする給水設備を解説します。

2-1 給水源

給水源のいろいろ

> **Point**
> - 水道水の水源は、地表水と地下水に大別されます。
> - 地表水には、河川水、湖沼水、貯水池水などがあります。
> - 地下水には、浅層水、深層水、湧泉水、伏流水などがあります。

■ 地域によって給水源は異なる

　古来より、水の得られる場所に都市が形成され、水の安定した確保が条件となっています。地表水は浄水場において、ろ過・消毒などの処理をされたうえで供給されています。

■ 上水道施設

　上水道の諸施設は原水の質、量、地理的条件および水道の形態に応じて、**取水**、**貯水**、**導水**、**浄水**、**送水**および**配水**の諸施設から成り立ち、水道ならびに水道施設基準にそれらの施設基準が示されています。

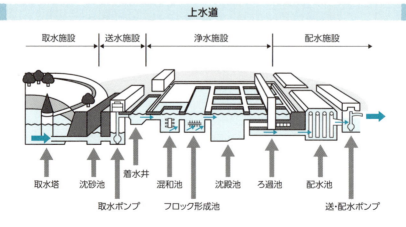

■ 取水施設

　原水を取水する施設で、水源の種類には、**地表水**と**地下水**に大別されます。

地表水は**河川水**、**湖沼水**および**貯水池水**に分けられます。地下水は**浅層水**、**深層水**および**伏流水**に分けられます。

取水には、これらの水源を単独または2、3併用する場合があります。

給水源から排水まで

出典：岡田誠之ほか著、『新装改訂　水とごみの環境問題』、TOTO出版

2-1 給水源

貯水施設

渇水時においても必要量の原水を確保するために**貯水しておく施設**です。

流量の多い時期にその余剰分を蓄え、渇水時にその不足を補うものです。

貯水には河川上流の谷合いに**ダム**を築き、流下する河川水などを堰き止めて貯水するもので、人工的に築かれたものが**貯水池**です。

導水施設

原水を貯水施設から浄水施設に送る水路、ポンプなどの施設の総称です。導水方式には、自然流下によるものと、ポンプで加圧して送水する方式があります。

浄水施設

原水を保健衛生上無害な水質に処理する施設で、沈殿池、ろ過池、消毒施設に分けられます。原水に鉄分やアンモニアなどが含有する時は、ばっ気、除鉄などの施設を必要とする場合があります。

送水施設

浄水をポンプ、送水管などの設備で、**浄水場から配水池などの配水施設に送る施設**です。計画送水量は計画1日最大給水量を基準として定めています。

配水施設

浄水施設で浄化された水を、給水区域内の需要者に、必要とする水圧で、**所要の水量を配水するための施設**です。

配水管の水圧は、最小動水圧150〜200kPaを標準としています。

給水装置

　需要者に水を供給するために、水道事業者の施設した配水管から分岐して設けられた**給水管およびこれに直結する給水用具**をいい、**水道法**で定義されています。

　給水装置には、配水管から分岐するための**分水栓**を取り付け、これに給水管を接続します。

　給水管は水を使用する箇所まで延長し、端末に**給水栓**等を取り付けます。
給水管の中間には、分岐などの適当な場所に**止水栓**を取り付けます。また、量水器は敷地引き込み部に設置します。

給水装置

| 管理 | 上下水道局 | 給水装置の所有者 |

- 漏水修理無料範囲
- 節水コマを使用しましょう。
- 犬はメーターから離れた場所に繋いでください。
- 公道
- 取り出し口から蛇口までが給水装置です。
- メーターボックス内は清潔に
- 水道本管

| 修繕 | 上下水道局 | 給水装置の所有者 |

2-2 井戸

地下水を飲用目的に汲み上げるための施設を「井戸」といいます

> **Point**
> - 地表から帯水層まで穴を掘ってつくります。
> - 井戸を掘ることを「さく井」と呼びます。
> - 水源として井戸を使用している地域もあります。

浅井戸と深井戸

帯水層に含まれた地下水を給水源として広く利用するために**井戸**を用います。地下水は深層部ほど衛生的で、量も豊富です。

井戸には**浅井戸**と**深井戸**とがあります。その区別は一般に深さ30mを境としています。

浅井戸と深井戸の仕組み

■浅井戸（堀井戸）　■深井戸（掘抜き井戸）

- つるべで揚水
- 井戸側（井筒）
- 開端井戸
- 水中ポンプなどで揚水
- 給水
- 地下水位
- （自由面地下水）
- 井戸側（ケーシング）
- 不透水層
- ストレーナー
- 透水層（滞水層）
- 被圧地下水
- 不透水層
- 透水層
- 不透水層
- 透水層
- 水中モーター付きポンプ
- 閉端井戸

2-3 水質基準

水を利用する際に、その水の適合性を判断する基準です

> **Point**
> ● 一般には水道法に基づく水道水の水質基準のことです。
> ● 病原体を含まず、地質などからの障害を起こす物質の規制です。
> ● そのほか、水道水においては外観、味などの条件も加味されています。

水道水質基準

水道水質基準は、水道法第4条に基づいて厚生労働省令によって定められています。水道水質基準は、平成16年4月に大幅に改正され、その後平成20年～23年、27年と一部改正されて現在は**51項目**となっています。

また、水質管理上留意すべき項目として**水質管理目標設定項目（26項目）**が、今後必要な情報・知見の収集に努めていくべき項目として**要検討項目（47項目）**が、それぞれ定められています。

水道水基準の体系図

水質基準項目 51項目 平成27年4月1日施行	● 水道水として、基準値以下であることが求められる項目 ● 水道法により、検査が義務付けられている
水質管理目標 設定項目26項目 平成27年4月1日施行	● 今後、水道水中で検出される可能性があるなど、水質管理において留意する必要がある項目
再検討項目 47項目 平成28年4月1日施行	● 毒性評価や水道水中での検出実態が明らかでないなどの理由で、水質基準や水質管理目標設定項目に分類できなかった項目 ● 必要な情報・知見の収集に努めていくべきとされている。

また、水道法第22条に定められた衛生上の措置として、厚生労働省令により水道水には遊離残留塩素を0.1mg/L以上保持することが義務付けられています。

2-4 主な給水設備の用語

給水設備に関する重要用語

>
> **Point**
> ●工事現場などで専門用語が飛び出すと、意味も分からず支障をきたす場合があります。そのためにも日頃の研鑽が必要です。
> ●数多い用語の中でも、これだけは覚えておかなければいけない主なものです。

水の分類

水には、上・中・下があり、その使用目的により分類されています。
- **上水** …… 飲用、炊事、洗面、洗濯、入浴など。
- **中水** …… 便所洗浄、散水、洗車、池用水など。
- **下水** …… 排水等で、上水として使用された後の水など。

中水とは、生活排水や産業排水を処理して循環利用するもののことです。雑用水とも呼ばれ、人体と直接接しない目的や場所で用いられています。

節水

給水設備では、節水は水資源の有効利用として重要課題です。節水とは、ケチケチすることではなく、**無駄にしないということ**です。
- 必要以上の水が吐出しない節水器具の使用 (節水コマ、定量水栓、節水便器等)。
- 目的にあった水の使用 (中水の利用や雨水の利用等)。
- 高性能ろ過機を利用し、浴槽やプール水を再利用。

赤水

水栓や配管などのさびにより、赤く濁った水が出ます。これが**赤水**です。

● 赤水の発生原因
- 配管内面の鉄部が腐食して鉄イオンを溶出する。
- 水中で水酸化鉄 (赤さび) となる。

● **赤水への対策**
・耐食性のある配管材料の採用 (継手など管端の防食処理の徹底)。
・給水用の防錆剤を注入する方法 (あくまで応急処置とします)。
・磁気処理・脱気処理の方法。

ウォーターハンマ

水栓・弁等により瞬時に流れを閉じると、閉じた点より上流側の圧力が急激に上昇し、その時生じる圧力波が管内を伝わります。この現象を**ウォーターハンマ**といいます。破損、漏水の原因にもなりますし、何より騒音が耳障りです。

ウォーターハンマの大きさは、配管内流速に比例して大きくなりますので、一般的に流速は 2.0m/sec 以下とします。

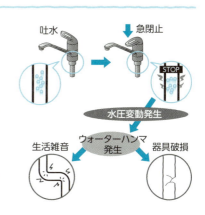

クロスコネクション

クロスコネクションとは、上水配管と上水以外の配管とが接続される状態のことです。上水以外の配管として、井水、中水、空調設備配管、消火設備配管、排水管などがあり、これらの配管との接続は、禁止されています。禁止施工の原則です。

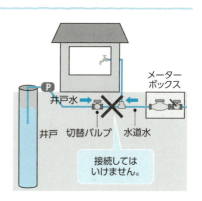

2-4 主な給水設備の用語

バキュームブレーカ

排水の逆流は、断水時に給水管内が一時的に負圧となり、給水栓や機器の給水接続口などから排水を吸い込むなどして発生します。このような恐れのある個所に**バキュームブレーカ(逆流防止器)**を取り付けます。

例として、ハンドシャワー、大便器洗浄弁、ホース接続用横水栓等があります。

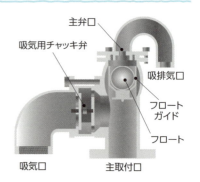

吐水口空間

水栓の吐水口と洗面器や流し類とのあいだには、ある長さの空間を取らなければなりません。この空間のことを吐水口空間といいます。

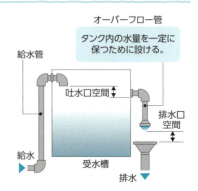

吐水口空間の必要寸法

(HASS 206)

近接壁の影響がない場合	近接壁の影響がある場合						
	近接壁1面の場合			近接壁2面の場合			
	壁からの離れ			壁からの離れ			
	3d以下	3d〜5d以下	5d以上	4d以下	4d〜6d以下	6d〜7d以下	7d以上
$1.7d'+5$	$3.0d'$	$2.0d'+5$	$1.7d'+5$	$3.5d'$	$3.0d'$	$2.0d'+5$	$1.7d'+5$

* d:吐水口の内径(mm)、d':有効開口の内径(mm)

逆サイホン作用

　断水や過剰流量の場合、給水管内が負圧になることがあります。この時、いったん吐水された水が逆流し、給水管の中に吸い込まれていく作用のことです。

　散水する場合、ホースをバケツ等の中に差し込んでいることがありますが、断水など何らかの原因で給水管内が負圧になった場合、**逆サイホン作用**によってバケツに入っていた水がホースを経て給水管内に逆流してしまいます。注意しましょう。

キャビテーション

　揚水管などで、ポンプ内や管の中を高速で流れる水の低圧部分が気化して蒸発し、気泡が発生する現象です。この現象が発生すると、性能が低下すると共に、金属音や振動の発生、配管の侵食原因となります。

サージング

　ポンプを運転している時、息をつくような運転状態になって、ポンプの出入口の圧力計および連成計(正圧と負圧を計ることができる計器)の針が振れ、吐出量が変化してしまう状態をいいます。

用語から、必要な基礎知識が理解できます！

2-5 給水設備設計の手順

給水設備の設計とは、機器の容量や配管方式、管径の決定を求めることです

Point
- 1日使用給水量、時間平均給水量から機器容量等を求めます。
- 給水管の管径は、流量、圧力損失、流速のどれか2つが決まれば求められます。
- 使用給水量と給水圧力を征すれば、給水設備は完璧となります。

設計の手順

現地調査と**所轄の水道局との打ち合わせ**により、水道本管と引込み管の有無と位置、口径を確認し、既存管の再利用または新規引込みが必要かを決定します。

同時に設計水圧を確認し、**給水方式を決定**します。使用水量や受水槽等の容量算定の基準も地域により指導内容が異なりますので、打ち合わせは必須です。

また、**負担金の有無**も確認します。使用禁止口径、使用管材の指定品なども情報収集しましょう。

水道局にある水道本管埋設図を閲覧し確認しますが、現地と異なる場合もありますので、現地調査でも見落としのないよう、公道・歩道部分の消火栓や制水弁蓋を見つけます。その下部に水道本管があります。

建物用途により、利用人員が明確な場合は**人員法**で給水量を算定しますが、不明の場合は、設置する器具と数量から**使用給水量**を求めます。

設計の手順のフローシートにしたがって進めると、見落としが少なくなりますので手本にしてください。

給水設備の方式決定要因

給水設備は、建物種別、規模、居住人員、使用時間などや季節によって、さまざまに変化する水量が基本となり、それらの要素に適した**配管口径**、**水槽類**、**機器類の寸法や容量**を決めます。

その後、**給水器具等の配置**を考え、使用時に支障をきたさない機能を備えたシステムをつくらなければなりません。

また、適切な水圧の確保のための方式や停電および災害時に際しても、その機能が維持されるような処置も講じなければなりません。

2-5 給水設備設計の手順

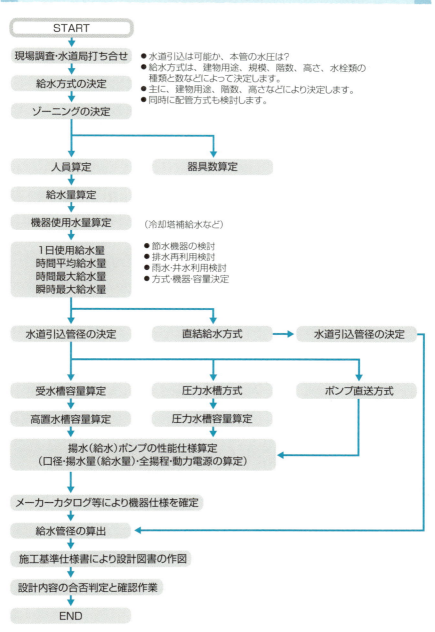

2-6 給水方式のいろいろ

建物規模や用途によって、供給の方法、給水量等の算定は異なります

> **Point**
> ●給水方式を決定する前に、その建物が災害対応建物かどうかの確認が必要です。
> ●各給水方式には、特徴がありますので最適な方式を選定してください。
> ●給水方式によっては、メンテナンスの要否もチェックしてください。

■ 給水方式

　建物内の給水必要個所へ水を送る給水方式には、水道本管から直接給水する**直結給水方式**と、いったん受水槽に貯水してから給水する**受水槽方式**があります。

　直結給水方式には、水道本管の水圧で各所に給水する水道直結方式と、引込み給水管に加圧給水ポンプを直接接続して給水する**直結増圧給水方式**があります。

　受水槽方式には、受水槽に貯水した水を高置水槽に揚水して自然落差で給水する**高置水槽方式**、圧力水槽で加圧して給水する**圧力水槽方式**、水を使用すると給水管内の水圧が下がることを検知して加圧ポンプを運転して給水する**ポンプ直送方式**があります。

　給水方式は、建物の用途、規模、階数、高さ、水栓類の種類と数などによって決定されます。

■ 最近の傾向

　最近新築される中高層マンションでは、高置水槽がなく給水を下階から上階に押し上げるポンプ直送方式の採用が多くみられます。また小中規模マンションでは、高置水槽だけでなく受水槽も不要な**直結増圧方式**も多くなっています。

　既存マンションの改修工事では、給水管の改修だけでなく給水方式まで変更して、高置水槽や受水槽を撤去するケースも増える傾向にあります。

2-6 給水方式のいろいろ

水道直結方式と直結増圧給水方式

■水道直結方式

▼GL
Ⓜ 水道メーター

■直結増圧給水方式

◎給排気弁
増圧給水ポンプユニット
BP
Ⓜ 水道メーター

受水槽方式の種類

高置水槽方式
高置水槽
4F / 3F / 2F / 1F
揚水ポンプ P
受水槽

圧力水槽方式
4F / 3F / 2F / 1F
圧力水槽
P
受水槽

ポンプ直送方式
4F / 3F / 2F / 1F
P 加圧ポンプ
受水槽

第2章 給水設備

2-7 給水方式の選定
所轄の水道局等の指導をもとに決定してください

Point
- 決定要因は、建物用途、規模、階数と立地条件、管理条件です。
- イニシャルコストとランニングコストも考慮しましょう。
- 給水方式の特徴をよく熟知し、施主の了解も得る必要があります。

■ 給水方式の選定の手順

　給水方式の決定要因は、建物用途、規模・階数および建物高さと立地条件や管理条件によって異なります。

　まず、建物の階数から判断します。水道本管の供給水圧が高ければ直結給水方式で3階程度の建物なら可能ですが、低いと受水槽方式としなければなりません。

　小規模建物か中・大規模建物であれば受水槽方式となります。ただし最終決定に当たっては、所轄の水道局に指導要綱がありますので、相談のうえ決定してください。

■ 給水方式とゾーニング

　高層建物では、下層階の給水圧力が大きくなり、使用上の不都合、過大な流速、ウォーターハンマの発生等が起きやすくなるので、給水圧力を設置器具必要圧力分に抑えています。

　給水設備での**ゾーニング**とは、一般に高層建築物において過大な水圧を避けるために、高さ方向に区域を分け、給水圧力の調整を行うことをいいます。

　高層・超高層建築物では、ポンプ直送方式の採用が多いですが、高置水槽方式も採用されています。ポンプ直送方式のゾーニングの方法は、上層階、中間層階、下層階などに区分され、各々に減圧弁を設置する方法や、直送ポンプを上層階、中間層階、下層階と系統分けして、ポンプの全揚程を調整して水圧の一定化を図る方法があります。

　高置水槽方式のゾーニングの方法も同様に高さで区域を分け減圧弁を設けて圧力調整をします。

2-7 給水方式の選定

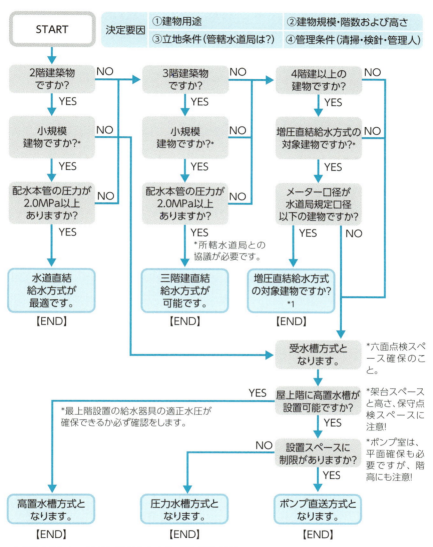

給水方式の選定基準

*小規模建物とは、また増圧直結給水方式の対象建物とは?
- 3階建て以下の住宅および店舗併用住宅とします。
- 給水管取出し口径は、50㎜以下とします。ただし所轄水道局により異なります。
- 所轄の水道局に指導要綱がありますので必ず事前に協議してください。

2-8 給水方式の決定

検討項目すべてに納得できる方式を決定してください

> **Point**
> ●断水時、停電時の給水状況をよく熟知してください。
> ●方式によっては、設置スペースや建築意匠への影響もあります。
> ●設備費と維持管理費も考慮してください。

■ 給水方式の特徴

● 水道直結給水方式

　水道本管の水圧を利用して供給します。受水槽を介さずに供給するので衛生的です。ただし、断水時には供給不可能となります。また、水道本管の水圧の変動にともない、供給圧力も変動します。一般には 2 階までですが、条件によっては 3 階まで直結方式が可能な場合がありますので、所轄の水道局に確認が必要です。メンテナンスは不要です。

● 直結増圧給水方式

　水道本管から分岐した給水管の途中に、本管の圧力を増幅するための設備である**水道直結増圧ポンプを設置**することで、水道本管の圧力では給水できない高さへの供給を可能とします。水道本管内の圧力範囲内の使用であれば、ポンプは作動しませんので**省エネ**になります。ただし、**水を貯留しません**ので、断水時や停電時には供給できません。**年 1 回のメンテナンス**が必要です。

● 受水槽方式

　水道本管からの水を受水槽にいったん貯留し、揚水ポンプで屋上設置の高置水槽へ揚水し、自然重力にて必要給水個所へ供給する**高置水槽方式**。受水槽から加圧給水ポンプによる加圧方式で供給する**圧力水槽方式**と、**ポンプ直送方式**があります。断水などの非常時でも、受水槽等に貯留されている水が使用できます。受水槽や高置水槽の大きさ(容量)は事前に所轄水道局と協議し決めておきます。設置スペースやメンテナンススペースの確保が必要です(6 面点検スペース)。**メンテナンスは必要**です。

各給水方式の特徴

検討項目すべてに納得できる方式を決定してください。

給水方式 項目	水道直結方式		受水槽方式		
	水道直結給水方式	増圧直結給水方式	高置水槽方式	圧力水槽方式	ポンプ直送方式
水質汚染の機会	◎ 極少	◎ 極少	△ 受水槽と高置水槽があるため比較的高い。	◯ 高置水槽方式より少ない。	◯ 高置水槽方式より少ない。
給水圧力の変化	△ 水道本管の水圧に左右される。	◎ 一定	◯ 一定	△ 圧力水槽の出口側に圧力調整弁を設置しないと、水圧の変化は大きい。	◎ 一定
断水時の給水	× 不可能	× 不可能	◯ 受水槽と高置水槽の残量分が給水可能。	△ 受水槽の残量分が給水可能。	△ 受水槽の残量分が給水可能。
停電時の給水	◎ 関係なし	◯ ただし、本管の水圧分は利用できる。	◯ 高置水槽の残量分が給水可能。	× 不可能	× 不可能
受水槽・ポンプ室等のスペース	◎ 関係なし	◯ 増圧給水ポンプのスペースが必要。	◯ 受水槽・揚水ポンプのスペースが必要。	△ 受水槽・給水ポンプ・圧力水槽のスペースが他の方式より余分に必要。	◯ 受水槽・給水ポンプのスペースが必要。
高置水槽スペース	◎ 必要なし	◎ 必要なし	× 必要	◎ 必要なし	◎ 必要なし
建築意匠への影響	◎ 影響なし	◯ 影響少ない	× 影響あり	◯ 影響少ない	◯ 影響少ない
建築構造への影響	◎ 影響なし	◎ 影響なし	× 影響あり	◯ 影響少ない	◯ 影響少ない
適合建物の規模	小規模建物に最適。	10階建て程度の中規模建物に最適。	中規模から大規模建物に適合。	小規模から大規模建物に適合。	小規模から大規模建物に適合。
設備費	1 機器がないため最も安い。	1 ポンプのみで、その他の機器がないため比較的安い。	3 機器類の設備費が高くなる。	2 小規模であれば設備費は安い。	3 給水ポンプの設備費が高い。
維持管理	1 機器がないため最も容易。	1 機器が少ないため比較的容易。	2 水槽の清掃に手間がかかる。	3 圧力水槽の空気補給が必要。	3 制御機器が多く点検管理が複雑。

*◎、◯、△、×は◎を最も有利とし、×を最も不利とする。
*数字の1、2、3は、数が少ないほうが有利なことを示す。

2-9 給水量の算定

算定には、人数法、器具数法と建物延べ面積法があります

Point
- 建物用途から使用給水量を決めます。
- 時間帯や季節によっても使用給水量は違ってきます。
- 1日給水量、時間平均使用量から機器容量の算定を行います。

■ 給水量の算定

　建物の給水設備を設計する場合、その建物で使われると予想される水使用量を予測する必要があります。その給水量の予想は下記の方法を用いて算出されます。
① 建物の利用人数から算出する方法。
② 建物内に設置する水使用器具の数から算出する方法。
③ 建物の延べ面積から算出する方法。

　上記のうち①は給水設備の受水槽や高置水槽などの主要機器の選定に使用され、②は給水管の管径・管内流速などの設計に、③は計画時に対応するための概略的に設備全体計画をする時などに使われます。

　水の使用量は、使用者の習慣や使用目的などによって異なり、同じ器具でも使用量は一定ではなく、建物用途によっては利用人数も変動するため、平均値としてまとめられている使用水量の実績値をそのまま使用することは危険であり、ある程度の余裕を見込んだ**設計用単位給水量**を用いて算出します。

■ 建物利用人員法による算出

　建物の利用人員に1人当たりの使用水量を乗じて給水量を算出するものです。利用人員は、学校や劇場など定員が明確な場合には定員と常勤者数を、定員が不明な場合は、建物の延べ面積や建物内の各室の面積から、使用目的による1人当たりの占有面積によって利用人員数を計算します。

　またホテルや病院の場合には、ベット数のほか宿泊・入院者以外の外来利用者の人員数も面積などから計算します。

器具数法による算出

設置する水使用器具の種類と数によって設計用給水量を算出するもので、主として給水管の管径を求める場合に使用します。一般に下記のような方法が用いられています。

①**水使用時間率と器具給水単位による方法。**

設置される器具数のうち、同時に使用される最大同時使用器具数を求め、器具1個当たりの流量を乗じて瞬時最大負荷流量を算出します。

②**器具給水負荷単位法**

各種器具ごとにそれぞれの単位給水流量、使用頻度や同時使用率を考慮した数値を定め(**給水負荷単位**という)、設置する器具の合計給水負荷単位を求め、図表より同時使用流量を算出します。

建物延べ面積による算出

建物種類別の単位面積当たりの水使用量に建物面積を乗じて使用水量を算出します。

単位面積当たりの水使用量は実績値を使用しますが、建物の計画初期において概略的な数値を知る方法として用いられる場合が多いです。

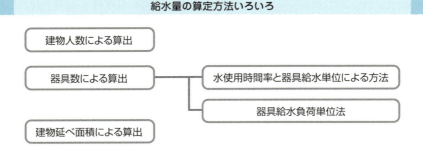

給水量の算定方法いろいろ

2-10 給水人員の算定

各建物種類別の有効面積当たり人員により算出します

> **Point**
> - 設計に際しては、所轄の水道局との協議を忘れずに行いましょう。
> - 建物種類に該当がない場合は、類似建物を参照してください。
> - 建物の実態をよく調査をして適切量を算出してください。

給水人数の算定

　給水人員は、一般に次ページの表を用いて各建物別の有効面積当たり人員により算出します。表はあくまで参考数値ですので、設計に際しては実態をよく調査するか、所轄の水道局と協議のうえ決定してください。

　この場合の有効面積とは、建築延べ面積から便所や廊下部分等を差し引いた部分のことです。**有効面積率 (%) を乗じた面積に、有効面積当たり人員を乗じると、給水人員を求めることができます。**

　算定する場合の資料としては、所轄水道局の指導要綱に基準や指導があります。多くの場合、「**空気調和・衛生工学便覧**」に準じている場合が多いです。官公庁建物は、「**国交省・建築設備設計基準**」に準じてください。

　それでも不明の場合は、し尿浄化槽の「**処理対象人員算定基準表（JIS A 3302）**」を参考としてください。

給水量の算定は、給水人数の算出から求めます。

建物種別単位給水量・使用人数・人員一覧

(空気調和・衛生工学便覧14版)

建物種類	単位給水量 (L/日)	使用時間 (h/日)	注記	有効面積当たりの人員など	備考
戸建て住宅	200〜400	10	居住者1人当たり	0.16人/㎡	
集合住宅	200〜350	15	居住者1人当たり	0.16人/㎡	
独身寮	400〜600	10	居住者1人当たり	0.2人/㎡	
官公庁・事務所	60〜100	9	在勤者1人当たり		男子50L/人、女子100L/人。社員食堂・テナントなどは別途加算。
工場	60〜100	操業時間+1	在勤者1人当たり	座作業0.3人/㎡ 立作業0.1人/㎡	男子50L/人、女子100L/人。社員食堂・シャワーなどは別途加算。
総合病院	1500〜3500L/床 30〜60L/㎡	16	延べ面積1㎡当たり		設備内容により詳細に検討する。
ホテル全体	500〜600L/床	12	延べ面積1㎡当たり		同上
ホテル客室部	350〜450L/床	12			客室部のみ。
保養所	500〜800L/人	10			
喫茶店	20〜50L/客 55〜130L/店舗㎡	10		店舗面積には厨房面積を含む。	厨房で使用される水量のみ。便所洗浄水などは別途加算。
飲食店	55〜130L/客 110〜530L/店舗㎡	10			定性的には、軽食・そば・和食・洋食・中華の順に多い。
社員食堂	25〜50L/食 80〜140L/食堂㎡	10			
給食センター	20〜30L/食	10			
デパート・スーパーマーケット	15〜30L/㎡	10	延べ面積1㎡当たり		従業員分・空調用水を含む。
小・中・普通高校	70〜100L/人	9	(生徒+職員) 1人当たり		教師・従業員分を含む。プール用水(40〜100L/人)は別途加算。実験・研究用水は別途加算。
大学講義棟	2〜4L/㎡	9	延べ面積1㎡当たり		
劇場・映画館	25〜40L/㎡ 0.2〜0.3L/人	14	延べ面積1㎡当たり 入場者1人当たり		従業員分・空調用水を含む。
ターミナル駅	10L/1000人	16	乗降客 1000人当たり		列車給水・洗車用水は別途加算。
普通駅	3L/1000人	16	乗降客 1000人当たり		従業員分・多少のテナント分を含む。
寺院・教会	10L/人	2	参会者1人当たり		常住者・常勤者分は別途加算。
図書館	25L/人	6	閲覧者1人当たり	0.4人/㎡	常勤者分は別途加算。

*冷却水を必要とする冷房用あるいは厨房用冷凍機がある場合には、13L/min・RSRt(冷却塔を使用する場合には、これの2%、0.26L/min・USRt)程度の冷却水が必要。
*給水量および給水人員の算定にあたっては、所轄の水道局の指導や基準があるので、必ず協議をし指導を受けなければならない。

2-10 給水人員の算定

建物の用途による1人当たりの使用水量・使用時間

建築用途	使用者種別	使用者数算出方法	1人1日平均使用水量(L/日·人)	1日平均使用時間(h)	備考
庁舎	常勤職員	延べ面積15㎡当たり1人	40〜80	8	職員厨房使用量は、別途加算する20〜30L/人·食。
	外来者	常勤職員数に対する割合0.05〜0.1	40〜80	8	
事務所	在勤者	0.1〜0.2人/㎡（事務室面積当たり）	80〜100	8	職員厨房使用量は、別途加算する。20〜30L/人·食。
	作業員·管理者	実数	80〜100	8	
病院·療養所·伝染病院	病床当たり	病床数	1500〜3500	16	延べ面積1㎡当たり30〜60L/日·人。
診療所	外来患者	診療室等の床面積×0.3人/㎡×(5〜10)	10	4	
	医師·看護婦	実数	110	8	
共同住宅	居住者	3.5人/戸（居室が3を超える場合は1居室増すごとに0.5人を加算。1戸が1居室の場合は2人とする。	250	12	居室には、台所·リビングルームは含まない。
寄宿舎（学校）	居住者	同時に収容し得る人員(定員)	180	8	厨房使用量を含む。
寄宿舎（自衛隊）	居住者	同時に収容し得る人員(定員)	300	8	
独身寮（男子）	居住者	同時に収容し得る人員(定員)	150〜200	8	厨房使用量を含む。
独身寮（女子）	居住者	同時に収容し得る人員(定員)	200〜250	14	
保育所 幼稚園 小学校	生徒	定員	45	6	給食用は別途加算。学校内で調理する場合10〜15L/人·食。給食センターから搬入する場合5〜10L/人·食。
	教師·職員	実数	110〜120	8	
中学校 高等学校 大学校 各種学校	生徒	定員	55	6	同上。ただし、中学校·高等学校で給食がある場合。実験用水は含まない。
	教師·職員	実数	110〜120	8	
研修所	宿泊者	定員	350	10	厨房使用量を含む。
	職員	実数	100	8	

2-10 給水人員の算定

(国交省・建築設備設計基準平成30年版)

建築用途	使用者種別	使用者数算出方法	1人1日平均使用水量(L/日・人)	1日平均使用時間(h)	備考
駐車場	延べ利用者	$\dfrac{20 \cdot C + 120 \cdot U}{8} \times t$ C:大便器数 U:小便器数 t:0.4〜2.0 (単位便器当たり1日平均使用時間)	15		
	職員	実数	100		
図書館	延べ閲覧者	同時に収容し得る人員×(3〜5)	10	5	閲覧者0.3〜0.5人/㎡。事務室・目録室・その他作業室0.15〜2.0人/㎡。
	職員	実数または同時に収容し得る人員×(5〜10%)	10	5	
研究所	職員	実数	100	8	実験用水等は別途加算。
公会堂 集会場	延べ閲覧者員	実数	30	8	定員:椅子の場合1〜2人/㎡、立席の場合2〜3人/㎡、集会場(談話室)0.3〜0.5人/㎡。
	職員	定員×(2〜3)	100	8	
観覧場 競技場 体育館	観客	実数	30	5	定員:観覧場0.25人/㎡、競技場で椅子席1〜2人/㎡、立見席2〜3人/㎡、体育館(小・中学校)0.33人/㎡。
	選手・職員	定員	100	5	
劇場	観客	定員×2	50	10	
	出演者・職員	実数	100	10	
映画館	観客	定員×4	25	12	
	職員	実数	100	12	

*事務室には、社長室、秘書室、重役室、会議室、応接室を含む。
*備考欄に注意書きのある場合をのぞいて、冷却塔補給水・厨房使用水量を別途加算する。
*管理人が常駐している場合は加算する。使用水量等は共同住宅の値を準用する。

2-11 人数算定法による予想給水量の算定

算定公式を理解し、把握して算出してください

Point
- 建物用途の異なる複合建物の場合は、その用途ごとに求め合計します。
- 適量の算出を。多ければ死水に、少なければクレームが発生します。
- 誰が何の目的で何時、どの位使用するのかを算定しなければなりません。

人数算定法による予想給水量の算定の手順

給水用機器あるいは配管などの容量を決定するには、建物において水がどのような状態で使用されるかを想定する必要があります。手順は次の通りです。

①対象人員の算定

$N = A \times k \times a$

N: 給水人員 (人)、A: 建物延べ面積 (㎡)、k: 延べ面積に対する有効面積の割合 (%)、
a: 有効面積当たりの人員 (人/㎡)

＊事務所、学校、百貨店の k 値 =55 〜 70% 程度

② 1 日当たりの給水量

$Qd = N \times Q$ r

Qd:1 日当たりの給水量 (L/ 日)、N: 給水人員 (人)、Q:1 人 1 日当たりの給水量 (L/ 人・日)、
r: 空調用機器類等の補給水 (L/ 日)

＊r の値は⑥〜⑩を参照。

③時間平均給水量

1 日当たりの給水量を 1 日平均使用時間で割った値を時間平均予想給水量といい、次式で表されます。

$$Qh = \frac{Qd}{T}$$

Qh: 時間平均給水量 (L/hr)、Qd:1 日当たりの給水量 (L/ 日)、T:1 日平均使用時間 (h)

④時間最大給水量 Qmh(L/hr)

Qmh=Qh × 1.5 〜 2.0(通常は２とします)

⑤瞬時最大給水量 QP(L/min)

QP=Qmh × 1.5 〜 2.0/60min(通常は 1.5 です)

⑥空調用冷却塔補給水量 Qr(L/hr)

Qr=K × L × RT × 60

K:補給水係数(0.015 〜 0.02)、L:冷却水循環水量(L/minUSRT)、RT:冷凍能力(USRT)
*Lの値は⑦より求める。RTの値は⑧より求める。

⑦冷却水循環水量 L(L/minUSRT)

・圧縮式冷凍機:13.0(L/minUSRT)
・一重効用吸収式冷凍機:17.0(L/minUSRT)
・二重効用吸収式冷凍機:17.7(L/minUSRT)

⑧冷凍能力(概算)の算出 RT

RT= 空調面積 (㎡) × 150 〜 200(kcal/h・㎡) × 1.1/3024(kcal/USRT)

⑨自家発電機用冷却水量(放流の場合)

Qe=30 〜 40(L/KVA・h) ×発電機出力 (KVA)

Qe:冷却水量(L/hr)

⑩プールの補給水 Qf(㎡/日)

Qf= プール容積 (㎡) × 0.05 〜 0.2

2-12 器具数法による予想給水量の算定

人員が算出不可能な場合は、器具数によって求めます

Point
- 人員算定法より器具類の使用状況を適切に把握しなければなりません。
- 器具の同時使用率は実態に即して考慮してください。
- 器具の中には、節水器具もあります。実態にあった数量を算定しましょう。

器具数法による給水量の算定の手順

①施設で計画された衛生器具類を種別に拾い出します。
②衛生器具類別にそれぞれの使用水量を算定します。

$Qd = Qg \times F \times P$

Qd:1日当たりの給水量(L/日)、Qg:器具の使用水量(瞬時最大流量)、F:器具数(個)、P:器具の同時使用率(%)

③衛生器具別にそれぞれの使用水量(瞬時最大流量)を合計します。
④空調設備等のある場合は、「2-11 人数算定法による予想給水量の算定」の手順⑥〜⑩の水量を加算します。

同時使用率とは

　建物施設には、多種な器具が多数使用されますが、これらが同時に全部使用されることはありません。器具の個数に応じて同時に使用される割合を**同時使用率**といいます。

2-12 器具数法による予想給水量の算定

各種衛生器具・水栓の流量および接続管経口

器具種類	1回当たり所要量(L/回)	1時間当たり使用回数(回/h)	瞬時最大流量(L/min)	1回分の給水時間(sec/回)	給水接続枝管径(㎜)	備考
大便器(洗浄弁)	15	6～12	110	8.2	25	平均15L/回/10sec
大便器(洗浄タンク)	15	6～12	10	60	13	
小便器(洗浄弁)	5	12～20	30	10	20	平均5L/回/6sec
小便自動(洗浄タンク)2～4人	9～18	12	8	300	13	小便器4.5L/個/回
小便自動(洗浄タンク)5～7人	22.5～31.5	12	10	300	13	
手洗器	3	12～20	8	18	13	
洗面器	10	6～12	10	40	13	
流し類(1/2水栓)	15	6～12	15	60	13	
流し類(3/4水栓)	25	6～12	25	60	20	
洋風浴槽	125	3	30	250	20	
シャワー	24～60	3	12	120～300	13～20	水量は種類により異なる
和風浴槽	容量による		30		20	
吹上げ水飲み器			3		13	
散水栓			20～50		13～20	

*大便器(洗浄弁)の場合、最上階等の圧力の低い箇所では接続管の管径を32㎜以上とする。

器具数法による算定に関する資料

■一般器具(洗浄弁の入らない場合) (単位:%)

器具個数	0	1	2	3	4	5	6	7	8	9
0		100	100	80	75	70	65	61	58	55
10	53	52	51	50	49	48	47.2	46.4	45.6	44.8
20	44	43.6	43.2	42.8	42.4	42	41.6	41.2	40.8	40.4
30	40	39.8	39.6	39.4	39.2	39	38.8	38.6	38.4	38.2
40	38	37.8	37.6	37.4	37.2	37	36.8	36.6	36.4	36.2
50	36	35.9	35.8	35.8	35.7	35.6	35.5	35.4	35.4	35.3
60	35.2	35.1	35	35	34.9	34.8	34.7	34.7	34.6	34.6
70	34.5	34.5	34.4	34.4	34.3	34.3	34.2	34.2	34.1	34.1
80	34	34	33.9	33.9	33.8	33.8	33.7	33.7	33.6	33.6
90	33.5	33.5	33.4	33.4	33.3	33.3	33.2	33.2	33.1	33.1
100～149										33
150～199										32
200～349										31
350～										30

データ:「実用空調・衛生設備設計データブック」、大成建設

■洗浄弁使用の場合 (単位:%)

器具個数	1	2	3	4	5	6	7	8	9	10
同時使用率	100	100	55	45	40	35	31	28	26	24

器具個数	15	20	30	40	50	70	100
同時使用率	18	14	10	8	7	6	5

第2章 給水設備

2-12 器具数法による予想給水量の算定

■ 簡易概算給水量算出法（建物用途別延べ面積当たり給水量）

　企画計画時の段階で各給水設備機器類の概略負荷を設定する際に、建築意匠設計者は、その後必要となる設置スペースや機械室等の面積をどれ程準備すればよいのかという情報を必要としています。そのような場合、より早く設備情報を提供するために**簡易概算給水量算定法**を用います。

● 建物延べ面積による算出

　建物種類別の**単位面積当たりの水使用量に建物面積を乗じて使用水量を算出**します。単位面積当たりの水使用量は実績値を使用しますが、建物の計画初期において概略的な数値を知る方法として用いられる場合が多いです。

建物用途別延べ面積当たりの給水量

建物用途	概算給水量 (L/d·㎡)	建物用途		概算給水量 (L/d·㎡)
事務所・官庁・銀行	11〜12	学校	大学	8
シティホテル（客・従業員）	20〜35		女子高校・女子大学	9
ビジネスホテル（客・従業員）	20〜35		高校	7
旅館（客・従業員）	20〜30		中学校	12
図書館	3		小学校	14
デパート（客・従業員）	30〜40	医院・診療所		10〜15
スーパー（客・従業員）	20〜25	病院	中規模	20
喫茶・パーラー（客）	200〜300		大規模	25
飲食店・レストラン（客）	200〜300		大学付属	30
集合住宅・住宅	1,000〜1,200	クラブハウス・18ホール		90,000〜120,000
映画館	18			
劇場	16			

＊空調用水量は別途加算します。

2-13 受水槽容量の算定

所轄水道局により算定が異なりますので、事前協議が必要です

Point
- 1日当たり使用給水量の半日分が標準です。
- 計算算定値は、実容量ですので水槽の大きさの容量ではありません。
- 水槽本体の上部H=300㎜以上は空隙(くうげき)とします。

大規模建物の場合

大規模建物の受水槽容量は2-11で求めた、**1日使用給水量、時間平均使用給水量から算出**します。

大規模建物の場合は、1日当たりの給水量の半日分とします。計算式は以下の通りです。

Vs=Qd × 1/2

Vs: 受水槽の有効容量(L)、Qd:1日当たりの給水量(L/日)

中小規模建物の場合

1日当たりの給水量を1日の平均使用時間で割った時間平均使用給水量から貯蔵時間分を実容量とします。計算式は以下の通りです。

Vs=Qh × t

Qh: 時間平均給水量(L/hr)、t: 貯蔵時間(hr)

＊水道局により算定が異なる場合がありますので、必ず事前協議が必要です。

受水槽設置について

受水槽設置については、給排水設備技術基準があり、保守・点検のためのスペース確保などが規定されています。6面に点検スペースを確保することが必要です。

2-13 受水槽容量の算定

■ 受水槽と水道引込み管の関係

受水槽の実容量が決まった後、水道引込み管からの**給水供給能力が供給可能かどうかをチェック**する必要があります。

以下の2つの式を両者を満たさなくてはなりません。満たせない場合は、受水槽の容量を大きくするか、引込み給水管の管径を大きくして給水能力を大きくする必要があります。

① **$Vs \geqq Qd - Qs \times T$**
② **$Qs(24 - T) \geqq Vs$**

Vs: 受水槽の容量 (㎥)、Qs: 水道引込み管からの給水能力 (㎥/h)、T:1 日の平均使用時間 (h)、Qd:1 日の使用給水量 (㎥/日)

■ 水槽容量と実容量

計算等で求めた水槽の容量は、**実容量 (有効容量)** のことです。その実容量 (有効容量) を入れる容器の容量が水槽の大きさとなります。

各自治体の指導基準に、その有効率が示されています。

一般には、水槽上部には H=300㎜の**空隙**を取ります。**溢水口**を取り付けるからです。このことにより、作業員の水槽内の閉じこもり事故も防ぐことができます。

また、「水槽下部に H=200㎜を有効容量には参入しないでください」と指導する行政もありますので注意してください。

水槽はあまり大きくしても、**死水 (たまり水)** が発生してしまいますし、少ないと、ポンプ等の稼働率が増えて水槽内は常に空に近い状態となり安心できません。水槽の容量は適切な量としましょう。

2-14 高置水槽容量の算定

受水槽と同様に、所轄水道局と協議して決定します

Point
- 時間最大予想給水量分を標準とします。
- 高置水槽の場合、容量と同様に架台高さも十分に検討してください。
- 屋上設置が多いので、槽の材質にも注意しましょう。藻等の発生にも注意。

■ 高置水槽容量の算定

1日予想給水量を1日の平均使用時間で割って求めた時間当たり平均使用量の1.5～2.0を、**最大予想給水量**といいます。その最大予想給水量分を高置水槽の容量とします。計算式は以下の通りです。

Vh=Qh×0.5～1.0

Vh: 高置水槽の有効容量(L)、Qd: 時間最大予想給水量(L/hr)

＊水道局により算定が異なる場合がありますので、必ず事前協議が必要です。

■ 高置水槽容量と揚水ポンプの関係

高置水槽容量と揚水ポンプ能力との関係式です。

使用量が著しく大きくなった場合に、揚水ポンプの能力が対応できるかどうかをチェックする計算式です。水槽が空になってしまう前に揚水ポンプで満たすことができるかどうかがわかります。

Vh=(QP − QPu)TP+QPu×TPr

Vh: 高置水槽の有効容量(L)、QP: 瞬時最大予想給水量(L/min)、QPu: 揚水ポンプの揚水量(L/min)、TP: 瞬時最大予想給水量の継続時間(分)、TPr: 揚水ポンプの最短運転時間(分)

＊TPの値は一般には30分程度です。
＊TPrの値は一般には10～15分程度です。

2-15 揚水ポンプの算定

高置水槽方式で、水を高い位置まで汲み上げるのが揚水ポンプです

> **Point**
> ●揚水ポンプの主流は、渦巻ポンプです。
> ●渦巻ポンプには、ボリュートポンプとタービンポンプがあります。
> ●一般に渦巻ポンプといえば低揚程用のボリュートポンプのことです。

■ 揚水量の算定

揚水量は時間最大給水量に余裕率を含んだ量とします。計算式は以下の通りです。

$$QPu = K1 \times \frac{Qmh}{60}$$

QPu: 揚水ポンプの揚水量 (L/min)、K1: 時間最大給水量に対する割合 (=1.1)、Qmh: 時間最大給水量 (L/hr)

＊直送ポンプ方式の場合は瞬時最大給水量以上とします。

■ 全揚程の算定

揚水ポンプが水を汲み上げることができる高さの算定です。

実揚程 (静水頭) とは、受水槽の水面から高置水槽の水面までの垂直距離 (高さ) のことです。**摩擦損失水頭** とは、水と配管のあいだで摩擦が生じ、水の流れが妨げられた際の弁や管の継手などの抵抗を、水頭 (水の高さ) に換算したものです。**速度水頭** とは、吐出し管内に流れる水の流速によって減少した水圧のことです。

$$H \geq H1 + H2 + \frac{V^2}{2g}$$

H: 揚水ポンプの全揚程 (MPa)、H1: 揚水ポンプの実揚程 (MPa)、H2: 配管類・弁類の管摩擦損失水頭 (MPa)、$V^2/2g$: 吐出口における速度水頭 (MPa)、V: 管内流速 (m/sec)

＊V の値は一般には 2.0m/sec

＊∴ V=2.0 とすれば、$2.0^2 / 2 \times 9.8 = 0.2m = 2kPa = 0.002MPa$

所要動力の算定

電動機容量は、下記の計算式によって求められます。
　一般的に、揚水量と揚程を求めれば、メーカーカタログよりポンプを選定することができ、ポンプの電動機の容量(動力)も分かります。

$$P(kW) = 0.163 \times QPu \times \frac{H}{E} \times 1.1$$

QPu: 揚水ポンプの揚水量 (m³/min)、H: 揚水ポンプの全揚程 (m)、E: ポンプ効率 (%)

ポンプ効率表（小型多段うず巻ポンプ効率）

(JIS B 8319)

吐出量 m3/min	0.08	0.1	0.15	0.2	0.3	0.4	0.5	0.6	0.8	1.0	1.5	2.0	3.0	4.0
B効率(%)	26.3	30.3	36.2	39.4	43.9	46.7	48.4	49.6	52.1	53.7	56.2	57.8	59.9	60.7

ポンプ口径の算定

　所要動力と同様に、揚水量と揚程で、メーカーカタログよりポンプを選定すれば、ポンプ口径も分かりますが、下記の計算式でも求めることもできます。
　この計算式では、使用する数値の単位に注意しましょう。求めた D の単位は m ですので、1,000 倍をして㎜に換算します。

$$D = 1.13 \sqrt{\frac{QPu}{V}}$$

QPu: 揚水ポンプの揚水量 (m³/sec)、V: 管内流速 (m/sec)
*V の値は一般には 1.5〜2.0m/s

ポンプ機器仕様の決定

　前述で求めた揚水量、全揚程、電動機動力、口径を鑑み、メーカーカタログよりポンプの選定をします。

図面への表記の仕方

設計図書の機器表や計算書等での表記ですが、下記の順序で表記します。
メーカーカタログのポンプ選定図の見方も習得してください。

口径（φ）×揚水量(L/min)×全揚程(MPa)×動力(kW)ー台数(運転方法)

電動機特性について―始動電流（A）

電動機モータが始動する瞬間に出す**トルク(力)**をいいます。全電圧始動(直入始動)では大きな始動電流が流れます。このトルクより大きなトルクが必要な負荷は回すことができません。トルクとは、ねじりの強さ、ねじりモーメントともいいます。

$$単相 = 始動入力(KVA/kW) \times 出力(kW) \times \frac{1000}{電圧(V)}$$

$$三相 = 始動入力(KVA/kW) \times 出力(kW) \times \frac{1000}{\sqrt{3} \times 電圧(V)}$$

通常、3.7kWまでは直入、5.5kW以上は順次始動(人ー⊿)とします。電動機の起動頻度にも、注意が必要です。メーカーに起動頻度の目安を確認しましょう。

水温と吸上げ高さの関係

小型ポンプの吸上げ高さは通常6.0mとされていますが、水温によっては問題となる場合がありますので、渦巻ポンプでの最大吸上げ高さを下表に示します。

水温と吸上げ高さの関係

水の温度(℃)	0	20	50	60	70	80	90	100
理論上の吸上高(m)	10.3336	9.685	9.042	7.894	7.208	5.562	2.926	0
実吸上高(m)	7.0	6.5	4.0	2.5	0.5	0	－3	－7

2-16 直結増圧給水ポンプの算定

蛇口まで水道水を直接届けます

Point
- 受水槽・高置水槽の点検や清掃が不要です。
- 貯水槽のスペースが不要なため、敷地を有効活用できます。
- 事故や災害時等には、貯留機能がないため断水します。

直結増圧給水設備の算定手順

まず、所轄水道局との協議が必要です。採用できない地域もあるので、注意が必要です。手順は以下の通りです。

① 瞬時最大使用水量を算定。
② 増圧給水設備の上流側の損失水頭計算。
③ 逆流防止用機器の取り付け位置を上流側か下流側かを判断。
④ 増圧給水設備の下流側の損失水頭計算。
⑤ 全揚程の算出。

全揚程(増圧ポンプの増圧分です)の求め方は以下の計算式によります。

$P7 - P8 = (P1+P2+P3+P4+P5+P6) - P0$

P0: 配水小管(水道本管)の水圧、P1: 配水小管と増圧給水設備との高低差、P2: 増圧ポンプの上流側の給水管や給水器具等の圧力損失、P3: 増圧ポンプの圧力損失(逆流防止機器の圧力損失を含む)、P4: 増圧ポンプの下流側の給水管や給水器具等の圧力損失、P5: 末端最高位の給水器具を使用するために必要な圧力、P6: 増圧ポンプと末端最高位の給水器具との高低差、P7: 増圧ポンプの吐出圧、P8: ポンプ吸込み側有効圧力

● 逆流防止機器の取付け位置が上流側(吸込み側)の場合

$P7 = P4+P5+P6$
$P8 = P0 - (P1+P2+P3)$

2-16 直結増圧給水ポンプの算定

● 逆流防止機器の取付け位置が下流側（吐出側）の場合

P7=P4+P5+P6+P3
P8=P0 − (P1+P2)

瞬時最大使用水量の求め方

算出法は多種ありますが、それぞれ所轄水道局と協議し指導を受けなければなりません。下表にて主な算定法を示します。

瞬時最大使用水量の求め方			
給水器具単位を用いて算定する法	一般的に多く採用しています。集合住宅以外は、この方法で求めています。		
BL規格算定式	$Q=42N^{0.33}$ $Q=19N^{0.67}$	9戸以下 10戸以上60戸	
実態調査による算定式	東京都の場合	$Q=26P^{0.36}$ $Q=15.2P^{0.51}$	1〜30人の場合 31人〜　の場合
	川崎市の場合	東京都に準拠	
	千葉県の場合	BL規格による	
	横浜市の場合	BL規格による	
	神奈川県水	BL規格による	

*Q:瞬時最大使用水量(L/min)、N:戸数(戸)、P:人数(人)
*集合住宅以外は「給水器具単位」等を用いて算定します。

瞬間最大使用水量を求める時は、所轄の水道局の指導を受けて算定法を選定してください。

2-17 給水管径の決定

管径を求める方法には、管均等法と流量線図法があります

Point
- 管均等法は最も簡単な方法で、均等表を見て求める方法です。
- 流量線図法は、管の流量と単位長さ当たりの圧力損失と流速の関係を表す線図により求める方法です。

管均等法により管径を求める方法

この方法は、分岐管や枝管などの小規模な給水管の管径決定に用います。

必要な圧力が十分に確保されている場合は**均等表**によってもよいのですが、圧力に不安がある場合は**流量線図**による方法を採用します。算定の手順は以下の通りです。

①給水器具に接続する給水枝管の管径を決定する。
②管均等表より給水枝管の管径を 13A または 15A 相当数に換算する。
③給水管の末端より各分岐部までの 13A または 15A 管の相当数を累計する。
④累計にそれぞれの器具数に応じた換算係数を乗じる。
⑤④で求めた値を、再度、管均等表の 13A または 15A 欄に入れて管径を求める。
管種ごとに管均等表があるので間違えないようにする。

管の均等表

管均等表は、管種別に各々ありますが、ここでは主なものを示します。

管均等表

■ポリエチレン管

	13	20	25	30
13	1			
20	2.0	1		
25	3.9	1.8	1	
30	8.0	3.8	2.0	1
40	11.2	5.4	2.8	1.3
50	21.0	10.1	5.3	2.6

■ステンレス管

	13	20	25	30
13	1			
20	2.5	1		
25	5.1	2.1	1	
30	8.1	3.2	1.6	1
40	15.3	6.1	3.0	1.9
50	21.9	8.8	4.3	2.7
60	39.0	15.6	7.6	4.8

2-17 給水管径の決定

■銅管(L)タイプ

	13	20	25	30	40	50	65	80
13	1							
20	2.6	1						
25	4.9	2	1					
30	9.2	3.5	1.7	1				
40	14.5	5.5	2.7	1.6	1			
50	30.0	11.5	5.7	3.3	2.1	1		
65	53.0	20.3	10.1	5.8	3.7	1.8	1	
80	84.6	32.3	16.0	9.2	5.9	2.8	1.6	1
100	178	67.9	33.7	19.4	12.4	5.9	3.4	2.1

■硬質塩化ビニルライニング鋼管

	15	20	25	32	40	50	65	80
15	1							
20	2.5	1						
25	5.2	2.1	1					
32	11.1	4.4	2.1	1				
40	17.2	6.8	3.3	1.5	1			
50	33.7	13.9	6.4	3.0	2.0	1		
65	37.3	26.8	12.8	6.1	3.9	2.0	1	
80	104	41.5	19.9	9.4	6.1	3.1	1.6	1.0
100	217	86.3	41.4	19.6	12.7	6.4	3.2	2.1

■硬質塩化ビニル管

	13	16	20	25	30	40	50	65	75
13	1								
16	1.7	1							
20	3.1	1.8	1						
25	5.6	3.2	1.8	1					
30	9.8	5.7	3.2	1.8	1				
40	19.2	11.1	6.2	3.4	2.0	1			
50	36.4	21.1	11.7	6.5	3.7	1.9	1		
65	74.6	43.2	24.0	13.4	7.6	3.9	2.1	1	
75	108	62.3	34.7	19.3	10.9	5.6	3.0	1.4	1
100	214	124	68.9	38.3	21.8	11.1	5.9	2.9	2.0

表の見方

①使用する管種を選び、その表を使用します。

②管の口径を左列欄より右へ移動し、13A または 15A（最上段）の相当数に換算します。

③管の末端より各分岐部までの 13A または 15A 相当数を累計します。

④累計した器具数に応じた同時使用換算係数を乗じます。

⑤上記で求めた数値を、再度管均等表の 13A または 15A 欄より当てはめて、左へ移動して左列欄の口径を選定します。

同時使用換算係数

　設置する器具数に、換算係数を乗じてその同時使用個数とします。その際使用する**同時使用換算係数表**を示します。

同時使用換算係数

■「均等法」による管径決定の際の同時使用換算係数　　　　　　　　（水道施設設計指針）

器具数	1	2	3	4	5	6	7	8	9	10	15	20	30
換算係数(%)	100	70	57	50	44	40	37	35	32	30	23	20	17

表の見方
器具数が5個の場合は44%となり、0.44を乗じます。

流量線図により管径を求める方法

　給水主管の管径決定に用いる方法です。管内を流れる水量とその時に生ずる**摩擦損失水頭**により管径を求めるものです。算定の手順は以下の通りです。

① 各給水栓類の器具給水負荷単位を求める。
② 同時使用流量を求める。
③ 同時使用流量と流速（1.5～2.0m/sec以下）より管種別流量線図から管径と摩擦損失水頭を求める。
④ 許容摩擦損失水頭を計算により求める。
⑤ 許容摩擦損失水頭がオーバーする場合は、管径を大きくして手順③からやり直す。その際、流速（管内流速）も遅くする。

許容摩擦損失水頭（動水勾配）の求め方

$$I = \frac{(H - h)}{L1 + L2}$$

I: 許容摩擦損失水頭(kPa/m)、H: 給水器具の静水頭または吐出口の水頭圧(kPa)、h: 水栓類の最低作動水圧の水頭(kPa)、L1: 給水管の実際の配管長さ(m)、L2:L1での局部抵抗による摩擦損失相当長(m)

2-17 給水管径の決定

*Hの値は、置水槽の場合は、水槽底面より下階設置の給水器具までの高さです。
*直線部の多い場合は、概略値としてL2=(0.15〜0.3)L1。

各種送水管の推奨水速

	条件	最適流速(m/sec)
ポンプ吸込管	吸込管の揚程・水温により異なる。	0.5〜1.0
ポンプ吐出管	最高4m/sec	1.5〜2.0
給水本管	水道本管	1.0〜2.0
給水分岐・支管	建物内の給水管	0.5〜0.7
給水遠方送水管	水道の配水本管	1.5〜3.0
ボイラー給水管	水温70℃以上	0.6〜1.0

流速が速いと、次のような弊害があります。
・ウォーターハンマの発生。
・管の耐用年数が短くなる。
・水栓等の開閉に注意が必要となる。

2-18 器具給水負荷単位とは

器具給水付加単位の概略を理解しましょう

> **Point**
> ●各種給水器具において、使用頻度、時間、同時使用率を見込んで、給水流量を単位化したものが器具給水負荷単位です。
> ●器具給水負荷単位と同時使用水量図から求めます。

器具給水単位とは

器具給水単位とは、洗面器の流し洗いの流量 0.1MPa(1kg/cm²) で 14L/min を基準流量とし、これを給水単位 1 として、その他の器具の単位を決めたものです。

この方法から同時使用流量を求める方法は、使用する器具別に器具給水負荷単位を、公衆用と私室用別に設置数量を乗じ、負荷単位の合計をもとに、同時使用水量図から求めます。

器具給水負荷単位表に記載されていない器具を使用する場合は、当該する器具の数値を用います。

この方法で求めた流量は、管径等を決定する基礎となります。

器具給水負荷単位には、住宅および共同住宅用と、施設用のものとがあります。施設用の中には公衆用と私室用とに分類されています。

建物用途によって、その器具の給水負荷単位を選定します。

節水器具を使用したのに、器具給水員負荷単位の数値は見直さないの?

2-18 器具給水負荷単位とは

器具給水負荷単位

■住宅の器具給水負荷単位

器具設置場所	器具名	使用水栓類	器具給水負荷単位
便所	大便器	洗浄タンク	3
浴室	給水栓	胴長横水栓	2
	混合栓シャワー		2
台所	給水栓	自在水栓(単独用)	2
	給水栓+給湯栓		2
	混合栓	台付湯水混合栓	2
洗面所	洗面器(給水栓)		1
	洗面器(給水栓+給湯栓)		1
洗濯機置場	給水栓	ホーム水栓(単独)	1
	混合栓	湯水混合栓	1

■施設の器具給水負荷単位

器具名	使用水栓類	器具給水負荷単位 公衆用	器具給水負荷単位 私室用
大便器	洗浄弁	10	6
大便器	洗浄タンク	5	3
小便器	洗浄弁	5	3
小便器	洗浄タンク	3	2
洗面器	給水栓	2	1
手洗器	給水栓	1	0.5
医療用洗面器	給水栓	3	
事務室用流し	給水栓	3	2
台所流し	給水栓		3
料理場流し	給水栓	4	2
料理場流し	混合栓	3	
食器洗い流し	給水栓	5	
連合流し	給水栓		3
洗面流し	給水栓(水栓1個につき)	2	1
掃除流し	給水栓	4	2~3
浴槽	給水栓	4	2
シャワー	混合弁	4	2
ユニットバス	大便器が洗浄弁による場合		8
ユニットバス	大便器が洗浄タンクによる場合		6
水飲み器	水飲み水栓	2	1
湯沸器	ボールタップ	2	
散水・車庫	給水栓	5	2

*給湯栓併用の場合は、1個の水栓に対する器具給水負荷単位は上記の数値の3/4とする。

2-18 器具給水負荷単位とは

同時使用流量換算図

器具給水負荷単位の合計数で同時使用流量が求められます。

■器具の同時使用率

器具数／ 1器具種類	1	2	4	8	12	16	24	32	40	50	70	100
大便器 （洗浄弁）	10	50	50	40	30	27	23	19	17	15	12	10
一般器具	100	100	70	55	48	45	42	40	39	38	35	33

■同時使用流用線図

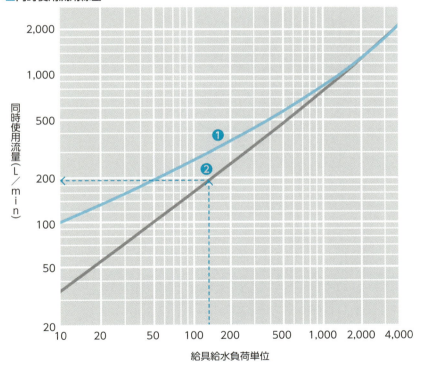

❶大便器洗浄弁使用の場合（小便器洗浄器を除く）　❷洗浄タンク使用の場合
*事務庁舎では、曲線❷で同時使用流量を求めてよい。

表の見方

（例）器具給水負荷単位 150 単位（洗浄タンク使用）の場合、同時使用流量は 200L/min となります。

2-18 器具給水負荷単位とは

配管の流量表・継手類および弁類の相当長

管種別の流量表および継手類の相当長表です。

●硬質塩化ビニルライニング鋼管

■配管摩擦抵抗線図

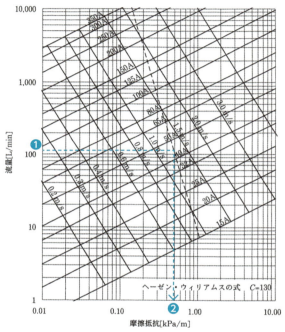

表の見方

（例）流量 120L/min の場合、適正流速を 1.3m/s とすれば、口径は 50A、摩擦抵抗は 0.5kPa/m となります。他の管も同様です。

■局部抵抗の相当長

(単位:m)

呼び径(mm)	90°エルボ	45°エルボ	90°T分流	90°T直流	仕切弁	玉形弁	アングル弁	逆止弁スイング型	逆止弁衝撃吸収式	Y形ストレーナー	ソケット
15	3	2.3	3.8	1.2	3.5	4.5	2.4	5.5		3.34	1
20	3.1	2.2	3.8	1.6	2.3	6	3.6	2.7		4.37	0.7
25	3.2	1.8	3.3	1.2	1.7	7.5	4.5	2.9		5.85	0.5
32	3.6	2.3	4	1.4	1.3	10.5	5.4	3.2		8.51	0.7
40	3.3	1.9	3.6	0.9	1.7	13.5	6.6	2.6	4.2	8.25	0.6
50	3.3	1.9	3.5	0.9	1.9	16.5	8.4	3.7	3.8	9.79	0.4
65	4.4	2.4	4.4	1.1	0.48	19.5	10.2	4.6	3.8	11.45	0.4
80	4.6	2.4	4.9	1.3	0.63	24	12	5.7	4	14.11	0.4
100	4.2	2.4	6.3	1.2	0.81	37.5	16.5	7.6	2	21.62	
125	5.1	3	7.5	1.5	0.99	42	21	10	2	31.57	
150	6	3.6	9	1.8	1.2	49.5	24	12	2	41.17	
200	6.5	3.7	14	4	1.4	70	33	15	2.8	54.83	
250	8	4.2	20	5	1.7	90	43	19	1.7	70.37	

*フート弁は、アングル弁と同じとする。　*ストレーナーは、スクリーン7メッシュ程度とする。
*▨▨▨ は、管端防食機構付の値を示す。

● ステンレス鋼管

■配管摩擦抵抗線図

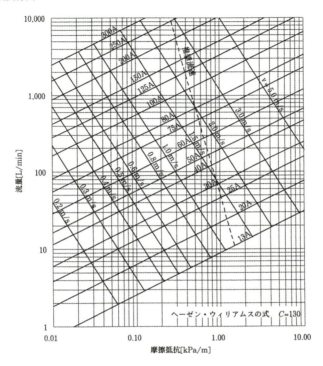

■局部抵抗の相当長

(単位:m)

呼び径		90°エルボ	45°エルボ	90°T分流	90°T直流	仕切弁	玉形弁	アングル弁、フート弁、逆止弁(スイング型)	ソケット
Su	A								
13	13	0.3	0.18	0.45	0.09	0.06	2.27	2.4	0.09
20	20	0.38	0.23	0.61	0.12	0.08	3.03	3.6	0.12
25	25	0.45	0.3	0.76	0.14	0.09	3.79	4.5	0.14
40	32	0.61	0.36	0.91	0.18	0.12	5.45	5.4	0.18
50	40	0.76	0.45	1.06	0.24	0.15	6.97	6.8	0.24
60	50	1.06	0.61	1.52	0.3	0.21	8.48	8.4	0.3
75	65	1.21	0.76	1.82	0.39	0.24	10	10.2	0.39
80	80	1.52	0.91	2.27	0.45	0.3	12.12	12	0.45
100	100	2.12	1.21	3.18	0.61	0.42	19.09	16.5	0.61
125	125	2.73	1.52	3.94	0.76	0.52	21.21	21	0.76
150	150	3.03	1.82	4.55	0.91	0.61	25.45	21	0.91
200	200							33	
250	250							43	

*仕切弁・玉形弁は、青銅鋳物製です。
*アングル弁・逆止弁は、50A以下青銅鋳物、65A以上鋳鉄製です。
*本表は、ステンレス協会編、建築用ステンレス配管マニュアル(p45)による。

2-18 器具給水負荷単位とは

● 銅管

■配管摩擦抵抗線図

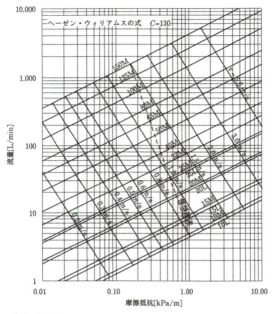

備考　使用区分
　　　L：医療配管用
　　　L、M：給排水、給湯、冷暖房、都市ガス用

■局部抵抗の相当長

(単位:m)

管径	90°エルボ	45°エルボ	チー(直流)
10	0.2	0.2	0.2
15	0.3	0.18	0.09
20	0.38	0.23	0.12
25	0.45	0.3	0.14
30	0.61	0.36	0.18
40	0.76	0.45	0.24
50	1.06	0.61	0.3
65	1.21	0.76	0.39
80	1.52	0.91	0.45

●硬質塩化ビニル管
■配管摩擦抵抗線図

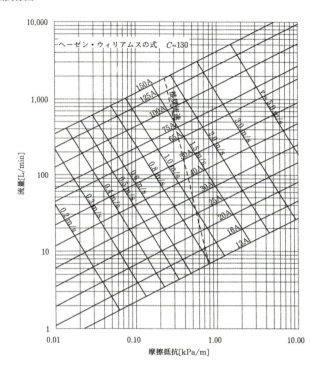

■局部抵抗の相当長

(単位:m)

管径	90°エルボ	90°ベンド	45°エルボ	チー・径違いソケット	チー(分流)
13	0.5				0.5
16	0.5				0.5
20	0.5				0.5
25	0.5				0.5
30	0.8			1.0	1.8
40	0.8			1.0	1.8
50	1.2			1.5	2.7
75		1.5	0.8	2.0	2.0
100		2.0	1.0	3.0	3.0
125		3.0	1.5	5.0	5.0

*チー及び径違いソケットは、段落しされた側の呼び径とする。
*チー分流は、90°エルボにチー(直流)を加えたものとする。

●耐熱塩化ビニルライニング鋼管

■配管摩擦抵抗線図

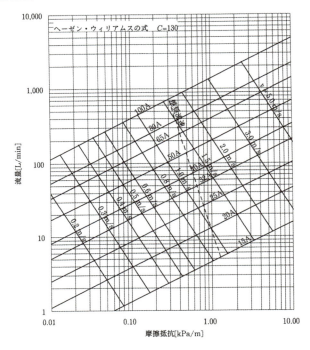

■局部抵抗の相当長

(単位:m)

呼び径 (mm)	90° エルボ	45° エルボ	90° T分流	90° T直流	仕切弁	玉弁	アングル弁	逆止弁 スイング型	逆止弁 衝撃吸収式	Y形 ストレーナー
15	1.6	0.8	1.8	0.6	14.2	4.5	2.4	14.2		4.25
20	1.8	0.9	2	0.6	4.2	6	3.6	4.9		3.22
25	2	1	2.2	0.5	2.4	7.5	4.5	2.9		3.38
32	2.2	1	2.5	0.5	3.2	10.5	5.4	3.8		5.52
40	2.5	1.2	2.8	0.6	2.5	13.5	6.6	2.7	4.2	6.25
50	2.8	1.3	3.1	0.6	2.1	16.5	8.4	5	3.8	6.64
65	2.8	1.5	4	0.7	0.48	19.5	10.2	4.6	3.8	11.45
80	3.3	1.8	5	0.8	0.63	24	12	5.7	4	14.11
100	4.2	2.3	6.8	1	0.81	37.5	16.5	7.6	2	21.62

*フート弁は、アングル弁と同じとする。
*ストレーナーは、スクリーン7メッシュ程度とする。
*▓▓▓は、管端防食機構付の値を示す。

●ポリエチレン管

■配管摩擦抵抗線図

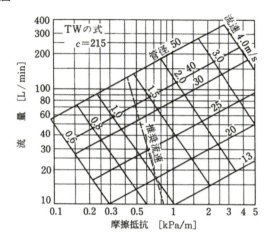

■局部抵抗の相当長

(単位:m)

呼び径 (A)	ソケット	エルボ	レジューサー	チーズ (直流)	チーズ (分流)
10	0.3	0.8	0.63	0.12	0.44
13	0.47	1.25	0.65	0.4	0.68
16	0.4	1.65	0.56	0.2	0.65
20	0.2	1.03	0.45	0.1	0.36
25	0.3	1.2	0.55	0.15	0.45

2-18 器具給水負荷単位とは

●配管用炭素鋼鋼管

■配管摩擦抵抗線図

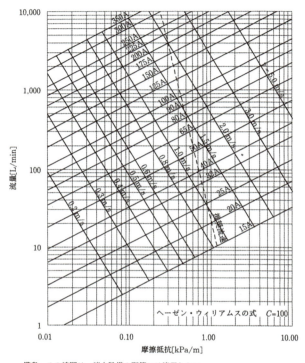

備考　この線図は、消火設備の配管には適用しない。

■局部抵抗の相当長

(単位:m)

呼び径(mm)	90°エルボ	45°エルボ	90°T分流	90°T直流	仕切弁	玉形弁	アングル弁	逆止弁スイング型	逆止弁衝撃吸収式	Y形ストレーナー
15	0.6	0.36	0.9	0.18	0.12	4.5	2.4	1.2		1.38
20	0.75	0.45	1.2	0.24	0.15	6	3.6	1.6		2.18
25	0.9	0.54	1.5	0.27	0.18	7.5	4.5	2		3
32	1.2	0.72	1.8	0.36	0.24	10.5	5.4	2.5		4.62
40	1.5	0.9	2.1	0.45	0.3	13.5	6.6	3.1	4.2	5.47
50	2.1	1.2	3	0.6	0.39	16.5	8.4	4	3.8	8
65	2.4	1.5	3.6	0.75	0.48	19.5	10.2	4.6	3.8	11.45
80	3	1.8	4.5	0.9	0.63	24	12	5.7	4	14.11
100	4.2	2.4	6.3	1.2	0.81	37.5	16.5	7.6	2	21.62
125	5.1	3	7.5	1.5	0.99	42	21	10	2	31.57
150	6	3.6	9	1.8	1.2	49.5	24	12	2	41.17
200	6.5	3.7	14	4	1.4	70	33	15	2.8	54.83
250	8	4.2	20	5	1.7	90	43	19	1.7	70.37

*フート弁は、アングル弁と同じとする。
*ストレーナーは、スクリーン7メッシュ程度とする。
*この表は、消火設備の配管には適用しない。

2-19 配管摩擦抵抗の算定

配管摩擦抵抗の算定の手順を理解しましょう

> **Point**
> ●移送液体が配管を流れる時、配管の内壁と流体とのあいだには、流れと反対向きの摩擦力が発生します。これを「管摩擦抵抗(管摩擦損失)」といい、これがいわゆる配管抵抗です。

管摩擦損失水頭の求め方

配管口径に基づいて、正確な局部抵抗を算定して実際の摩擦抵抗値を求め、許容値内にあるか否かを検討することができます。算定の手順は以下の通りです。

① **種別局部抵抗の相当長を求める。**
　前述の**流量線図により管径を求める方法**と**管均等法により管径を求める方法**で求めた配管口径に基づき、配管区間ごとに配管実長を求め、管継手および弁類の種別局部抵抗の相当長を求めます。

② **摩擦抵抗値を求める。**
　配管実長と管継手・弁類の摩擦相当長を各区間ごとに合計し、実際のR値から摩擦抵抗値を求めます。さらに、各区間ごとの摩擦抵抗値を合計し、**全体の摩擦抵抗値**を求めます。

③ ②で求めた摩擦抵抗値が許容摩擦抵抗値内にあるか否かチェックする。

④ 検討の結果、実際の摩擦抵抗値が許容摩擦抵抗値を超える場合には、前項のR値を修正します。

⑤ **実際の摩擦抵抗値が小さく、余裕水圧が大きい場合には、部分的に配管口径を落として経済的な設計とする。**

　施工の段階で配管経路が変更されることがあります。特に継手が設計時よりも増える場合が多いので、多少の変更には対応できるように余裕水圧を確保しながら調整します。

　次表は、摩擦損失抵抗計算の必要な場合に利用してください。間違いや見落としの防止に便利です。

2-19 配管摩擦抵抗の算定

摩擦損失抵抗計算例

使用管材名:塩ビライニング鋼管(VB)

区間	器具単位数	流量 L/m	流速 m/s	管径 φ(mm)	局部抵抗の相当長				実長 m	換算長 m	単位抵抗 KPa/m	区間抵抗 KPa
					局部抵抗の種類	1個当たりの相当長	数量	計				
A〜B	45	100	1.5	40	90°エルボ	0.8	8	6.4	18	28.4	0.6	17.04
					チー	1	4	4				
B〜C	28	72	1.05	40	90°エルボ	0.8	3	2.4	24	26.4	0.33	8.712
C〜D	8	25	0.95	25	90°エルボ	0.5	2	1	16	17	0.5	8.5
合計												34.252

*計算数値は参考です。

> 上表を、表計算ソフトでつくってみてください。作業時間の短縮にもなります！

2-20 許容摩擦抵抗R値の算定

許容摩擦抵抗R値の算定方法

> **Point**
> ● 高置水槽の設置高さを求める等の場合、端末で使用する水圧を求めて、単位長さ(1m)当たりの摩擦抵抗R値を算出し、該当する抵抗値での管径と流速を求める場合に使用します。

■ 許容摩擦抵抗R値の算定

配管の摩擦抵抗に利用できる水圧を求めて、単位長さ(1m)当たりの配管に利用できる許容摩擦抵抗R値を求めます。

$$R = \frac{H - Hf - H'}{L1 + L2}$$

R: 許容摩擦抵抗(kPa/m)、H: 高置水槽底部から器具までの垂直高さ(kPa)、Hf: 上階までの給水立管で生じる摩擦損失水頭(kPa)、H': 給水器具の必要圧力(kPa)、L1: 配管実長(m)、L2: 局部抵抗の相当配管長(m)

配管の摩擦抵抗＝直管部の抵抗＋局部抵抗

■ 流量線図による配管管径の求める方法

$$i = \frac{H - P}{K(L + L')}$$

i: 許容摩擦抵抗(kPa/m)、H: 静水頭(kPa)、P: 必要水頭または標準水頭(kPa)、K: 管路係数(通常は2.0〜3.0)、L: 主管の直管長(m)、L': 枝管の直管長(m)

管路係数とは、直管長に対する局部抵抗相当長を含む配管長の割合を、あらかじめ仮定する必要上設けたもので、一般の建物内では系統にかかわらず2.0〜3.0という値になります。

上記の算定は、流量線図による配管管径の決定の際に用いると、流速をもとに管径を決めることが容易になります。その手順は次のようになります。

2-20　許容摩擦抵抗 R 値の算定

① 配管経路を定める。
② 各区間の瞬時最大流量を算定する。
③ 各種器具類の必要水圧をチェックする。
④ 各区間の直管長を求める。
⑤ その系統で水理上最も条件の悪い器具の閉止時にかかる静水頭を求め、上式により、許容摩擦抵抗(許容動水勾配)を算出する。
⑥ 瞬時最大流量と許容摩擦抵抗の値を用い、かつ、管内流速が制限内(通常 2.0m/s 以下)に納まるよう、使用管材別の流量線図より各区間の管径を決定する。
⑦ 必要に応じて、P.62～P.68 にある表「管継手類および弁類の相当長」を用い、損失水頭の検算をし、配管管径の修正を行う。

2-21 給水設備で使用される配管類

給水管として使用するパイプは、所轄の水道局指導にしたがってください

Point
- 使用する場所によっても管種は変わります。配管は適材適所です。
- 塩ビライニング鋼管は、鋼管の内側に塩ビをライニングし腐食の進行を防ぎ、耐食、耐圧、耐衝撃性に優れています。

給水設備で使用される配管類

給水設備で使用される主な配管を示します。

水道用塗覆装鋼管、水道用硬質塩化ビニルライニング鋼管、水道用耐衝撃性硬質塩化ビニル管、水道用ポリエチレン管、水道用ステンレス鋼鋼管などがあります。

鋼管系と樹脂管系・ステンレス管系では、**管口径の呼び方が異なります。**

１１/2Bサイズを鋼管系は32Aと呼び、樹脂管系・ステンレス管は30Aと呼びます。また、3Bサイズを鋼管系は75A、樹脂管系は80Aと呼び、その他の管サイズはほぼ同様です。ここで表示しているAとBですが、(A)はミリ単位、(B)はインチ単位の表示です。

給水設備に使用する主な管・継手類

	名称		屋外埋設	屋内配管	トレンチ・ピット内	住戸内配管	屋外露出配管	備考
管類	一般配管用ステンレス鋼鋼管	JISG3448	○	○	○		○	
	配管用ステンレス鋼鋼管	JISG3459	○	○	○		○	
	給湯用塩化ビニルライニング鋼管	WSP043		○			○	C-VA
	鋼管(LまたはMタイプ)	JISH3300		○			○	
	耐熱性硬質塩化ビニル管	JISK6776				○		
	架橋ポリエチレン管	JISK6769				○		ヘッダ工法・床
	ポリブテン管	JISK6778				○		
継手	一般配管用ステンレス鋼鋼管のプレス式管継手	SAS352	○	○	○		○	
	一般配管用ステンレス鋼鋼管の圧縮式管継手	SAS353	○	○	○		○	
	鋼管の継手	JISH3401		○			○	
	耐熱性硬質塩化ビニル管継手	JISK6777				○		
	架橋ポリエチレン管継手	JISB2354				○		ヘッダ工法・床
	ポリブテン管継手	JISK6779				○		

*大便器(洗浄弁)の場合、最上階等の圧力の低い箇所では、接続管の管径を32mm以上とする。

2-22 水道メーター

水道での水の使用量を記録するための計器です

Point
- 検針や点検の際に用います。
- 圧力損失は 0.063MPa 以下（定格最大流量）が JIS 規格です。
- 計量法で 8 年間の有効期間が定められています。

水道メーターの種類

水道メーターを大別すると推測式、複合型、実測式になりますが、一般にはほとんど**推測式メーター**が使用されています。

名称	内容説明
推測式メーター	羽根車の回転数が水流の速度に比例することから、流量を測定する方式。 ①接線流羽根車式 　計量室へ接線状に流入する噴射水流により、羽根車がその流量に比例して回り、歯車列を回転させ目盛り板の指針および文字車を動かす。小口径には単箱、複箱が、大口径には直読型と副管付がある。 ②軸流羽根車式 　計測管の水流方向にリードをもつ羽根車が、流量に比例して回り、ウォームホイルを経て歯車列を回転させ、指針および文字車を動かす。
複合型水道メーター	1つのケースにダブルタービンと高感度の実測式ディスクメーターとを直列に組み合わせたもの。
実測式水道メーター	計量室内の容積が一定で、ますで1回1回計量する構造なので、推測式より高感度で正確な計量ができる。
遠隔指示式水道メーター	中高層集合住宅などで、遠隔検針、集中自動検針システムなどに使用されている。 ①発電式水道メーター 　発信機付水道メーターで、伝送線および受信機で構成されている。 ②リモートメーター 　記憶装置付水道メーター、伝送線および自動呼出し装置付集中検針盤から構成されている。

水道メーターで漏水の確認ができます。

水道メーターにつながっている屋内および屋外に設置されている水栓をすべて閉じたうえで、水道メーター内のパイロットマークが回転（あるいはパイロットランプが点滅）している場合、または赤い針で表示される 1L のメーターが回り続けている場合には、水道管から漏水していることが考えられます。

2-23 給水設備の配管保温材

配管の結露や凍結等を防ぐためや管の保護のために保温材を使用します

> **Point**
> ●保冷における問題点は、防湿、防水です。
> ●保温における問題点は、保温外装です。
> ●水道の凍結は、保温厚のみで防ぐことは限界があります。

保温・保冷材の選択は？

保温材・保冷材の選定要因には、使用温度範囲、熱伝導率、物理的化学的強さ、使用年数、単位体積当たりの価格、工事現場状況に対する適応性、難燃性、透湿性の条件より安全性・施工性を考慮して適切なものを選ばなければなりません。

保温材の経済的な厚さの求め方

施工厚さの決定は、保温材の**経済的な厚さ**および**放散熱量**を求める計算を行い、保冷・防露工事では施工後の表面に**結露を生じない**ことを条件とした計算を行います。兼用する場合は、施工厚さのうち厚い方を採用することになります。

施工仕様書

官公庁・公団などは、国土交通省の**機械設備工事共通仕様書**を採用しておりますが、民間では、空気調和・衛生工学会規格 HASS010 空気調和・衛生設備工**事標準仕様書**に準拠しているものが大半です。

保温材がぬれたら？

熱伝導率が大きくなるため、保温効果が悪くなります。施工前の保管、施工中に雨水などに当たらないよう防水処理をきちんとしなければなりません。

電食とは

異種金属が接触した場合、水分(塩分)の仲介により**電食**現象が起こります。アルミニウム板を使用する時は、鋼材と接触する部分には絶縁物をはさむことが必要となります。鉄ビスでとめることも、電食の原因となります。

2-24 配管スペース

建物の内部に、上下水道・ガス等の配管を収納するスペースです

Point

- パイプシャフトとは、建物の各階を通じ、縦方向の各種配管を通すために、床や天井などを貫通して設けられる垂直方向の空間のことです。

■ 配管スペースの決定

　パイプシャフト(PS)は、単に立管を納めるだけではなく、各階への分岐のための取出し管や弁類が納められます。よって、それらの点検・操作作業のための**点検口**が必要となります。

配管スペース

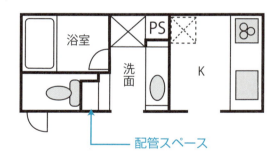

配管スペース

2-24 配管スペース

配管スペースの必要空間

■配管シャフトの必要空間

配管の間隔　単位:mm

呼び径A	壁	20	25	32	40	50	65	80	100	125	150	200	250	300
20	85	120												
25	85	120	120	32										
32	90	125	125	130	40									
40	95	130	130	135	140	50								
50	100	135	135	140	145	150	65							
65	110	145	145	150	155	160	170	80						
80	140	175	175	180	185	190	200	205	100					
100	160	195	195	200	205	210	220	225	245	125				
125	170	205	205	210	215	220	230	235	250	265	150			
150	210	245	245	250	255	260	270	275	290	305	320	200		
200	235	270	270	275	280	285	295	300	315	330	345	370	250	
250	260	295	295	300	305	310	320	325	340	355	370	395	420	300
300	285	320	320	325	330	335	345	350	365	380	395	420	445	470

*保温厚は20A〜80Aは、20mm、100A〜300Aは、25mmとして計算。
*管の保温外面間の「アキ」は20A〜65Aは50mm、80A〜125Aは75mm、150A〜300Aは100mmとして計算。
*隣り合う管の管径が異なる場合は大なる方の管径で「アキ」を決定する。

■弁類および工具のためのスペース

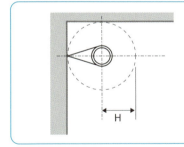 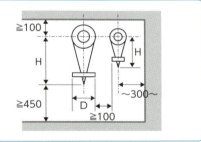

■JIS 10Kねじ込み形
仕切弁の寸法

呼び径(A)	H(mm)
15	156
20	177
25	212
32	261
40	282
50	333
65	426
80	486

■JIS 10Kフランジ形
仕切弁の寸法

呼び径(A)	H(mm)	D(mm)
50	378	180
65	469	200
80	518	230
90	560	250
100	615	280
125	753	300
150	881	320
200	1061	400
250	1310	450
300	1476	500

2-25 節水のすすめ

節水とは、水を節約することです。具体的には水道使用量を削減することです

> **Point**
> ● 何気なく浪費してしまう分の水使用を制限して使用量を減らすことです。
> ● 少量の水で同等の効果をあげる衛生器具類もでてきています。
> ● 節水は省エネの観点からも重要です。

■ 節水

毎日の生活に必要な水資源も、有限です。家庭においても、さまざまな要因により年々増え続けています。各自においても「節水」を心がけなくてはならなくなっております。

■ 1日の1人当たりの水の使用量

生活が便利になるにともない、水を使用する機器類が増え、家庭で使用する1人当たりの水の量は、1980年には199Lだったのが、2000年には248Lとなっております。これからもおだやかに増え続けていくことでしょう。

1日の1人当たりの水の使用量

使用器具等	1980年(昭和55年)		2000年(平成12年)		増加量
	1人1日使用量(L)	使用比率(%)	1人1日使用量(L)	使用比率(%)	(L/人・日)
ふろ	62	31	64.48	26	2.48
トイレ	51	26	59.52	24	8.52
炊事	47	24	54.56	22	7.56
洗濯	25	13	49.6	20	24.6
洗顔・その他	14	7	19.84	8	5.84
合計	199	100	248	100	49

*上表に示すように、炊事とトイレの使用量が半数程度(平成12年では46%)も占めています。

水道から流れる量

　水道から流れる水の量は、普通で1秒間で0.2Lです。5秒間流し放しにすると、1Lも無駄になります。蛇口はこまめに止めなければなりません。

　その対策として、流量調節して節水ができる**節水コマ**があります。このコマは、通常のコマと比べて下部の出っ張りが大きくなっており、ハンドルを90°開けた時の水量が通常1分間に12Lのところ、節水コマを取り付けると6Lに半減します。全開した時は共に21L/分の水量で変わりません。

節水対策

対策案	用途	節水の心がけ 改善前	節水の心がけ 改善後
水は容器にくんで使用する。	歯磨き・洗面	水を流しっ放しで歯磨きを1分間すると、1回1人で約1.2L、朝晩1日2回で月に1,400Lの水を使う。	歯磨きはコップ3杯の水で十分できる。朝晩1日2回で月に150Lで済む。
水は容器にくんで使用する。	炊事	蛇口を目いっぱい開き放しで野菜や食器を洗うと、朝晩2回で月約6,100Lの水を使う。	いも類などの野菜はため洗いし、流水は鉛筆の太さで洗うと朝晩2回で月2,200Lで済む。さらに節水コマを取付けると約50%の水が節約できる。汚れのひどい食器は、まず拭き取ってから洗うと使用量も少なく、下水を汚さずに済む。
洗濯はためすすぎする。	洗濯	従来型洗濯機の注水すすぎでは、1回165L、1日1回の洗濯で月約5,000Lの水を使う。	全自動洗濯機は標準がためすすぎ方式で、1回110Lで済む。1日1回の洗濯で月約3,000Lで済む。さらにまとめ洗いも効果がある。また洗濯物の入れすぎに注意し、容量の8割が効果的な使い方である。
洗車の時は、水を容器にくんで使用する。	洗車	流し放しのホース洗いでは、バケツ30杯（300L）以上の水を使う。	洗車は、バケツ3杯（30L）の水でできる。
残り湯は再使用する。	ふろ	浴槽は、小さなものでも200Lの水を使用する。	残り湯を洗濯やまき水、掃除、洗車などに利用すれば、その分節水となる。特に温かい湯の洗濯水への再利用は洗濯効果も上がる。
シャワーはこまめに使う。	シャワー	シャワーを流しっ放しにすると、12L/分×流した時間が使用量となる。	シャワーは、理屈なしでこまめに止めて使用する。
蛇口はきちんと閉める。	水栓蛇口	蛇口からポタリポタリと滴り落ちる水滴でも、そのままにしておくと1日約50L、1カ月1,500Lの水が無駄になる。	蛇口はしっかりと、こまめに止める。

Column

家族の水の使用量をチェック

　家の水の使用量をチェックしてみましょう。朝早く起きてまず一番に水道メーターを計量し、その数値を記録しておきます。
　洗面や食器洗い、風呂の使用前後の数値を記録し、トイレも「大」「小」の使用頻度の数値を家族が使用するごとに「正の字」でチェックすれば、トイレの水の使用量が分かります。暮らしの中で家族が使用する水量が分かると、節水への工夫も生まれ、励みとなります。

	1カ月平均使用量	1日の水の使い方(L/日)							計(L/日)
	全体量(㎥)	風呂	洗濯	トイレ	台所	洗面	掃除	その他	
節水前(L)	27.66	271	210	170	200	58	10	3	922
節水後(L)	20.79	216	142	138	140	48	8	1	693
節水量(L)	6.87	55	68	32	60	10	2	2	229

節水器具名	説明	価格(円)
節水コマ	水栓の流出量を少なくする。	50円/個程度
風呂水くみ上げポンプ	ポンプで水をくみ上げ洗濯機などに移す。	8,000円程度〜
風呂ブザー	風呂の沸かしすぎやお湯の入れすぎを知らせる。	5,000円程度〜
節水シャワー	手元のスイッチで水を止められる。	5,000円程度〜
流水擬音装置	水の音を発する装置で、水を流しながらトイレを使用するのを防ぐ。	10,000円程度〜
雨水たる・ドラム缶	雨水をドラムかんや樽などにためておき、庭の植木や家庭菜園の水やりに利用する。	再生資源の活用を勧めます!
雨水貯留水槽	同上	同上

第 3 章

給湯設備

　給湯設備は、風呂、洗面用、台所・厨房用などに加熱した水を供給するための設備です。快適・安全、省エネルギーのために、さまざまな配慮が求められています。

　熱源も、電気、ガス、灯油等に分けられます。

　本章では、配管方式や安全装置と機器類の算出方法を解説します。

3-1 給湯設備の用語

給湯設備とは、建物内の必要な個所に湯（温水）を供給する設備のことです

Point
- 給湯のための温水ボイラ、熱交換器、ポンプ、配管、給湯栓などの装置を給湯設備といいます。
- 給湯設備には、快適、安全、省エネのために各種配慮が求められています。

給湯設備で使われる主な用語

給湯設備で使われる主な用語をまとめました。

局所式給湯

給湯個所が少ない比較的小規模な建物や、大規模な建物であっても給湯個所が分散し、使用状況が異なる場合に採用する給湯方式です。一般には、給湯配管が短く、循環を必要としない小規模な給湯方式です。

中央式給湯

広範囲に存在する給湯個所に対して、機械室内に貯湯槽を設置し供給するシステムです。ホテルや病院等のように、給湯個所が多く使用量の多い建物などに採用されます。給湯配管の延長が長く、配管や機器からの放熱によって湯の温度が低下するため、返湯管を設けて湯を循環させ、給湯栓を開ければすぐに設定温度の湯が得られるようにします。

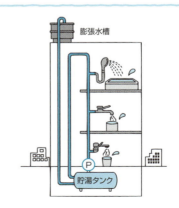

上向き供給方式

中央式給湯の配管方式で、給湯個所の位置や配管シャフト・横走り配管のスペースの位置関係などによって決定されます。貯湯槽が下階にあり、給湯管(往管)が下方から上方へ立ち上がって供給する方式です。返湯管は、上方でまとめ下階の貯湯槽へと循環します。

下向き供給方式

各階へ湯を供給する給湯立管内の流れ方向による分類でありますので、上方から下方へ流れる配管方式です。配管中に空気だまりができて、流れが妨げられないように、空気抜き管などから空気が抜けるような方向に、勾配が必要となります。

供給方式

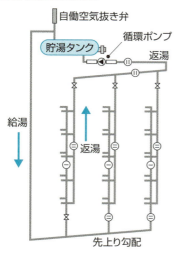
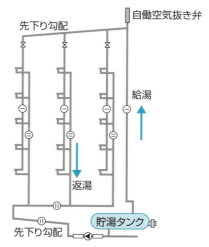

3-1 給湯設備の用語

■ リバースリターン配管方式

各給湯個所への循環を均一にして湯の温度を一定に保つために用いる配管方式です。

逆還水法ともいいます。流体が流れると配管の抵抗で圧力が降下します。当然長いほどその影響が大きくなります。そこで、往管が短い個所は還管を長く、往管が長い個所は還管を短くすることで、いずれの個所においても管路の抵抗をおおよそ均等にし、流量を同等にしようという考え方です。

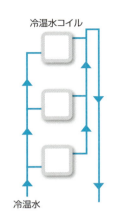

■ 自然循環方式と強制循環方式

湯を循環させるためには力が必要です。水は温度が高いほどわずかですが軽くなります。この温度差により生じる力を利用して湯を循環させるのが**自然循環方式**です。これに対し、循環ポンプで強制的に循環させる方式を**強制循環方式**といいます。

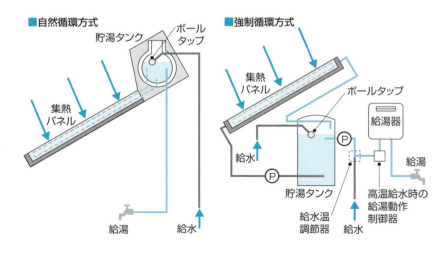

直接加熱式と間接加熱式

　電気・ガス・石油等で水を直接加熱するものを**直接加熱式**、ボイラなどで加熱された熱媒(温水・蒸気など)を貯湯槽内の加熱コイルに流入し、槽内の水を間接的に加熱する場合を**間接加熱式**といいます。電気・ガス・石油などの熱源からみて、直接か間接かの分類となります。

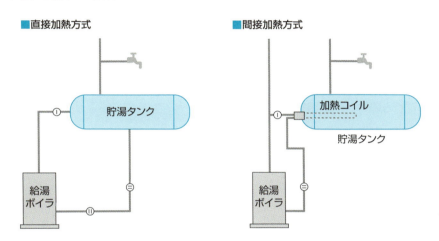

元止め式と先止め式

　給湯器類の分類に用います。**元止め式**は、給湯器に止水栓があり複数個所への給湯は不可能です。**先止め式**は、各使用個所の水栓の開閉により給湯器の ON/OFF が行われます。

3-1 給湯設備の用語

単管式と複管式

給湯管(往管)だけの配管方式を**単管式**といいます。単管式では配管中の湯温低下やすぐに熱い湯を得ることができないため、対策として**返湯管**を設けます。給湯管(往管)と返湯管(復管)2本の配管が設けられることから**複管式**と呼ばれます。

瞬間式・瞬間貯湯式・貯湯式

水を加熱装置内で瞬間的に沸かし上げる**瞬間式**と、沸き上げた湯を貯めておいて供給する**貯湯式**があります。貯湯式のうち貯湯量を少なくし、その分加熱能力をあげたものを、一般に**瞬間貯湯式**といいます。

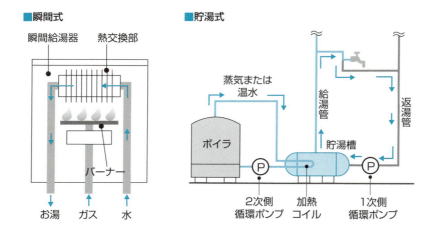

3-2 給湯設備設計の手順

給湯設備の設計条件を明確に把握します

Point
- ライフスタイルにあった給湯設備が肝心です。
- 給湯方式は、湯の用途、使用量を考慮して決定します。
- 給湯設備の安全装置を設けましょう。無事故が原則です。

給湯設備の設計条件

　給湯設備は、設計の良否がすぐに結果となるため、衛生設備の中でクレームが一番多い部分で、妥協は許されません。

　用途にあった適切な温度・流量・水質の湯を、適切な圧力で必要個所に供給しなければなりません。設計の際には、要求条件を十分把握することが大切です。

給湯設備設計の手順

　まずは**設計条件**の把握からスタートします。

　設計条件とは、給湯個所とその用途、利用する人員または器具数、給湯量と給湯利用時間等です。ライフスタイルの把握も重要項目となります。

　設計条件に加えなければならないのが、**給湯熱源**です。電気、ガス、灯油等がありますが、ランニングコストを考慮して決定してください。

　次は**給湯方式**の決定です。建物規模にもよるので、3-3「給湯方式選定の手順」を参照してください。**局所式**か**中央式**かを決め、給湯量を算定、給湯機器の決定、配管設計・管径、および安全装置の選定という手順で設計を行います。

3-2 給湯設備設計の手順

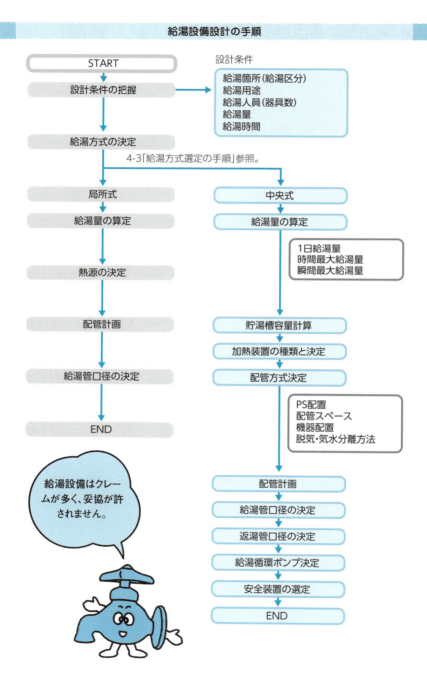

3-3 給湯方式選定の手順

給湯方式選定の手順を理解しましょう

> **Point**
> ● 給湯個所が複数個所でも、離れていれば局所式を選定してください。給湯配管の延長で熱ロスがあるため、省エネ性を配慮してのことです。
> ● 所定の温度になるまでの捨て水は、できるかぎりなくしたいものです。

給湯方式選定の手順

まずは建物内の給湯用途、使用量、使用時間帯の違いをしっかり把握します。そのうえで、使用個所をカウントしてください。

方式の選定に当たっては。上記の条件のほかに、使用目的、熱源の種類、供給能力、機器類の維持管理(保守要員の有無・必要資格の有無・種類等)、工事費などを十分把握し、給湯個所が複数箇所あっても中央式にこだわらないことが寛容です。時には局所式と中央式が併用される場合も多いです。

その後、給湯個所は何箇所あり、局所式対応か中央式対応かを決めていきます。

給湯方式選定の手順

START
→ 給湯箇所は単箇所ですか
 - YES → 局所式 → END
   - ・瞬間(元止め、先止め)
   - ・貯湯(一般用、飲料用)
   - ・気水混合
   - 供給方式(上向き、下向き)
   - 配管方式(単管、複管)
   - 循環方式(重力、強制)
 - NO → 給湯箇所は複数箇所ですか
   - YES → 中央式 → END
     - 加熱方式(直接加熱、間接加熱)
     - 供給方式(上向き、下向き)
     - 配管方式(単管、複管)
     - 循環方式(重力、強制)
     - 還管方式(ダイレクトリターン、リバースリターン)
   - → 住戸に1台の加熱装置で複数の給湯個所がありますか → 住戸セントラル方式
   - → 住棟の1箇所に加熱装置をまとめ、住棟の全戸に湯を供給しますか → 住棟セントラル方式

局所式給湯の設計上の留意点

① 給湯器具数や給湯必要機器の給湯量等から瞬間最大給湯量を算出し、給湯能力を決定する。
② 瞬間式の場合は、水圧と給湯管の摩擦損失水頭を考慮し、可能なかぎり小口径とする。これは湯待ち時間の短縮のためです。
③ 貯湯式低圧ボイラの場合は、給湯と給水の水圧が同じになるように注意する。減圧弁を設置し連続出湯しても温度が変わらないようにする。

中央式給湯の設計上の留意点

① 加熱装置や貯湯槽の搬入・搬出が容易な場所の選定と故障や点検に備えて2基以上設置するのがよい。
② 返湯管の長さが短くなるように計画する。
③ 各系統・枝管の循環流量が均等になるよう流量調節ができるようにする。
④ 循環ポンプは過大にならぬように、返湯管側に設置する。
⑤ 安全策や腐食対策を考慮し検討する。
⑥ 溶存気体の分離放出がしやすい配管計画を立てる(供給方式・ゾーニングの場合)。

給湯用途、使用量を把握しましょう。

3-4 給湯システムでの注意事項

給湯設備のトラブルとは？

Point
- やけどと、冷水サンドイッチ現象が起こらないようにしましょう。
- 同時使用による水量の低下を招かないよう機器容量に安全率を設けましょう。
- 給湯に適した配管材質を選択しましょう。

やけど対策

加熱装置を小型化し、かつ必要量を確保するために、高温に沸かし上げるタイプが多くみられます。この場合、最も注意することは**やけど対策**です。特に、シャワーには**サーモスタット**付きを選定するとよいでしょう。また、給湯器は**自動湯温安定式**のものを選定する必要があります。

給湯器や混合栓を選ぶ時は、デザインだけではなく、快適に使うための注意が必要です。

配管の膨張・収縮対策

配管中を湯が通ると管が膨張し、湯が冷めると収縮します。大規模な配管では**伸縮継手**や**伸縮管**等で膨張・収縮に対応します。小規模なものでしたら器具まわりに**フレキシブル管**を利用します。なお、管支持で管を直接固定すると、きしみ音が発生したり損傷の恐れがありますので、ゴム等で巻いたうえで支持固定した方がよいでしょう。

配管の保温

配管の**熱損失**を少なくし、湯温降下を遅らせるために配管の保温が必要となります。グラスウールやロックウールなどの保温材を巻きます。省エネ効果もあり、湯待ち時間の短縮でも有効です。しかし、たくさん巻けばよいというわけではなく、配管から損失される熱量を補いうる量分があればよしとして決定されます。

3-4 給湯システムでの注意事項

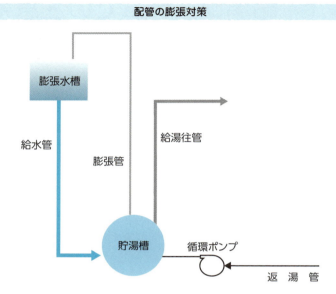

配管の膨張対策

空気だまり対策

　配管内に**空気だまり**が生じると、湯の流れが悪くなり騒音や腐食が生じやすくなるなどの問題を起こします。このために、水栓や膨張管から空気が抜ける方向に管に勾配を設けたりする配慮が必要です。
　自動空気抜き弁の設置も効果がありますが、その設置場所は圧力の低い個所を選ばなければなりません。また保守・点検が必要なので操作のしやすいところに設置します。

腐食対策

　給湯管の**腐食対策**は、給水管以上に注意が必要となります。配管と機器類の材質の違いから腐食することもあり、配管材の選定もより慎重にしなければなりません。管内流速も腐食 (潰食) を考慮して 1.5m/sec 以下とするのが一般的です。

逃し管 (膨張管)・逃がし弁

　逃し管は、加熱装置の伝熱面積により最小内径が規定されています。また、**膨張水槽**まで立上げ、開放するのが一般的ですが、水槽水面からの立ち上げ高さは、

膨張管から常に湯が噴出すことのないように決定します。

　膨張管が設置しにくい場合は、逃し弁を設けますが、最高使用圧力の10%を超えないように膨張水を逃す構造のものとします。　当然、逃し管に弁を設置することはできません。

膨張水槽

　給湯システム内の膨張水量を吸収するために膨張水槽を設置します。大気に開放された状態の水槽を開放型膨張水槽といい、開放型が設置できない場合には、**密閉型膨張水槽**を設けます。ただし、この密閉型膨張水槽を設置しても、逃し弁を省略することはできませんので注意してください。

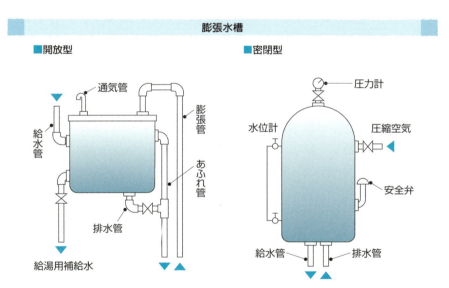

膨張水槽

返湯管径の決定

　返湯管の口径は、一般には給湯配管の呼び径の1/2程度の管径とされていますが、給湯循環ポンプの循環量が流れた場合の流速を調べ、流速が過大になる場合は管径を太くする必要があります。特に銅管を使用する場合には、**潰食**を防止するために流速を1.5m/sec以下とすることが望ましいでしょう。

3-5 エコ給湯器

エコ給湯器、どれがお得？

> **Point**
> ● エコキュート、エコジョーズ……名前は似ていても、特徴や仕組みは異なります。
> ● 建物用途に、使用状況(使用人員数、給湯量、頻度、使い方など)から最適なものを選定しましょう。

■ エコキュート(高効率電気式給湯器)

　ヒートポンプ技術を利用し、空気の熱で湯を沸かす**電気式給湯器**で、冷媒はフロンではなく二酸化炭素(CO_2)を使用しています。空気中の熱を取り込み、電気の力で圧縮することでその空気熱をさらに高温にし、その熱を利用して約90℃のお湯を沸かします。

　空気の熱を上手に活用するので、使用した電気エネルギーの3倍以上の熱エネルギーを得ることができます。熱を圧縮するエネルギーとして使用する電力には安価な**夜間電力**を利用し、夜間に湯をつくってタンクに貯めます。タンクの湯が不足しそうになったら、日中の時間でも沸きあがる仕組みになっています。火を使わないので空気が汚れにくいというメリットもありますが、タンクの設置スペースが必要です。多機能タイプなら給湯だけでなく、温水を床暖房にも使用できます。

■ エコジョーズ(高効率ガス給湯器)

　従来までのガス給湯器が捨てていた約200℃の排気ガス中の熱(**潜熱**)を二次熱交換器で回収し、約95%という非常に高い熱効率を実現した給湯器です。(従来の効率は約75%)。これまでのガス給湯器では、使用するガスのうちの約20%が放熱や排気ガスとして無駄になっていました。その20%のロスのうち、その3/4に当たる約15%を回収して再利用することで、ガス使用量の低減などのメリットが生まれます。多機能タイプなら給湯のほかに温水を床暖房にも使用できます。また、大気中に無駄な熱を放出しないためCO_2の削減にも貢献できます。機器の大きさがコンパクトであるため小スペースでも設置が可能です。

3-5　エコ給湯器

エコキュートの仕組み

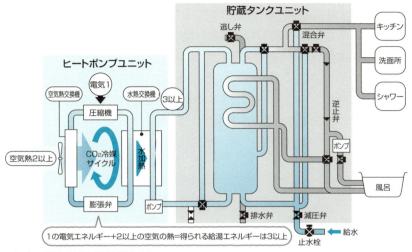

※メーカー、機種により異なる場合があります。

エコジョーズの仕組み

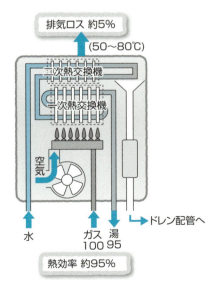

エコフィール（高効率石油給湯器）

　湯を沸かすために排気とともに空気中に放出していた熱エネルギーを有効利用することで、熱効率を約95％にまで高めた新しい石油給湯器です。

　従来の熱効率は約83％程度ですから、かなりのアップとなりました。また、排気温度も従来の約200℃から約60℃へと低下しています。灯油の使用量を節約するだけでなく、CO_2の排出量も大幅に削減することができ、暮らしと地球環境へのやさしさが特徴です。運転音も小さくなり臭いも従来の機器より気になりません。ただし、給油などのメンテナンスに手がかかる点には注意が必要です。

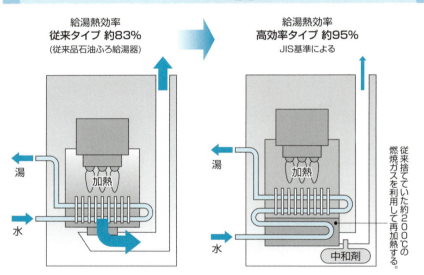

エコフールの仕組み

3-5 エコ給湯器

「エコ給湯器」は何がお得？

　一次エネルギー利用から考えると、電気もガスも石油も CO_2 排出量の差はわずかなようです。経済性からの比較は、**初期費用**と**ランニングコスト**です。

　初期費用は、エコキュート(電気)が30～70万円、エコジョーズ(ガス)とエコフィール(石油)は20～40万円で、ガスと石油が安くなります。

　ランニングコストについては、エコキュートは深夜電力を使用しますので年間約4万円、ガスは6万5千円～7万円、石油は約7万円で電気がかなり安くなります。

　最終的には消費者の好みの問題となりましたが、目安としては大家族で大量のお湯を使う家庭ではエコキュートに分があり、お湯の使用量が少ない家庭はエコジョーズやエコフィールが有利になるでしょう。

第3章　給湯設備

3-6 給湯方式の比較
給湯方式の長所と短所

Point
- 給湯個所と使用湯量等により給湯方式が決まります。
- 選定した給湯方式の特徴を生かしていますか？
- 建物用途によっても給湯方式が変わります。

給湯方式の比較

　給湯方式で、局所式と中央式の比較および長所と短所、加熱器の種類、給湯の目的等を比較してみました。

　局所式は、**個別給湯方式**ともいいます。必要な個所に給湯器や電気温水器などの加熱器を設置し、水を直接加熱して給湯する方式です。一般住宅や事務所ビルの給湯室などに、この方式が用いられています。長所は、必要な温度のお湯を比較的簡単に供給することができることです。給湯個所が少ない場合は、設備費も安価となります。ただし、給湯器等が各所に点在すると維持管理費が高くなります。

　中央式は、機械室やボイラ室にボイラや給湯装置を設置し、そこでの温水を循環ポンプにより給湯必要個所に供給する方式です。ホテル、病院などの大規模建物に用いられています。加熱方式には、**瞬間式**と**貯湯式**があります。

　瞬間式は、**瞬間湯沸器**を用い、上水道を直接湯沸器に通過させ瞬間的に温めて湯をつくります。一般住宅ではこの方式がほとんどで利用されています。

　貯湯式は、ボイラなどで加熱した湯をいったん貯湯槽に蓄え、常にお湯を温めておき、必要時にその湯を供給する方式です。ホテルなど、多くの人が一斉に湯を使用する建物に多く採用されています。貯湯式の加熱方式には、**直接加熱式**と**間接加熱式**があり、直接加熱式は、使用する量に見合った湯を一定温度に加熱し、温水ボイラと貯湯槽を直結して一体化した機器の貯湯槽内の水を直接的に加熱するものです。間接加熱式は、貯湯槽の内部に加熱コイルを内蔵させ、温水などの熱源により間接的に加熱する方式です。

3-6 給湯方式の比較

給湯方式の比較

給湯方式 特徴・用途	局所式				中央式
	瞬間式	貯湯式 (一般用)	貯湯式 (飲料用)	気水 混合式	
長所および 短所	【長所】 ①用途に応じて必要箇所で湯が比較的簡単に得ることができる。 ②給湯箇所が少ないため、加熱器・配管延長など設備規模が小さく、設備費も安く、維持管理も容易。 ③熱損失が少ない。 ④建物竣工後においても給湯箇所の増設に対応しやすい。 【短所】 ①給湯規模が大きくなると、加熱器が点在するため維持管理が面倒となる。 ②給湯箇所ごとに、加熱器の設置スペースが必要となる。 ③加熱器によっては、建築意匠、構造的に制約を受けやすい。 ④安い燃料が使いにくい。 ⑤水圧の制限を受けるため、シャワーや混合水栓などの使用に不便をきたすことがある。					【長所】 ①器具の同時使用率を考慮して加熱装置の総容量を小さくすることができる。 ②一般には熱源装置は、空調設備のそれと兼用設置されるため熱源単価が安くなる。 ③機械室等に他設備機器と一緒に設置されるため集中管理がしやすい。 ④配管によって必要箇所のどこへでも給湯できる。 【短所】 ①設備規模が大、かつ複雑であるため当初の建設費が高い。 ②専任の取扱者を必要とする場合がある。 ③配管、機器からの熱損失が大。 ④配管をともなうため竣工後の増設にはやりにくい場合がある。
加熱器の 種類	瞬間湯沸器 (ガス・電気)	ガス・電気・油焚き温水缶(密閉形)	ガス・電気貯湯式湯沸器(開放形)	蒸気吹込み器(サイレンサ)・気水混合弁	●温水(蒸気)ボイラ+加熱コイル付き貯湯タンク ●ガス・油焚き温水缶+加熱コイルなし貯湯タンク
給湯目的	数箇所の限られた範囲への給湯	限られた範囲への給湯。小規模建物の全館給湯。	ビルの湯沸場、食堂の給茶用など主に飲用専用として用いている。	工場、病院などの大浴場用。蒸気配管が設置され、蒸気が簡単に得られる場合に採用。ただし、飲料用には不適。	中・大規模の各種建物で全館給湯用。ただし、場所においては局所式との併設を考慮します。
給湯規模	一般住宅、小規模店舗の厨房など。	小規模ビル、高級住宅、集合住宅など。	飲料用で必要箇所ごと。	蒸気配管があり、どの場所でも簡単に得られる場合のみと制限される。	中・大規模の各種建物で全館給湯用。ただし、建物の経営形態や時間帯等の管理方針によっては局所式を併用する場合も多い。

3-7 給湯温度と使用温度

使用する給湯温度とは？

> **Point**
> ●使用する給湯温度は、用途によって適温があります。
> ●同じ器具の使用でも、大人と小児で適温が変わります。
> ●給湯温度は、一般的には60℃程度です。

■ 給湯によるやけど

　給湯によるやけどは、3～5歳以下の幼児と60歳以上の老人に多くみられます。この年代の心身障がい者には特に注意が必要です。

　48℃の湯を10秒間以上、44℃以上の湯を100秒以上浴びていると熱いと感じ、62℃の湯を2秒以上、56℃の湯を10秒以上、50℃の湯を100秒以上浴びると皮膚の表面がやけどします。

給湯の用途別使用温度

(空気調和・衛生工学便覧13版)

用途		適温(℃)	
		夏	冬
飲料用		50～55	50～55
浴用　浴槽(成人)		39～41	41～43
浴用　浴槽(小児)		39～40	40～42
洗髪		37～39	39～41
シャワー		38～40	40～42
洗面・手洗い用		35～37	38～40
医科用手洗い用		43	43
ひげそり用		42～45	46～52
厨房用　一般(食器洗浄)		36～39	37～41
皿洗い機(洗浄用)		60～70	60～70
皿洗い機(すすぎ用)		70～80	70～80
洗濯用　(手洗い用)		36～38	38～40
商業用一般		60	60
絹および毛織物		33～37	38～49
リンネル及び綿織物		49～52	45～60
遊泳プール		21～27	21～27
ガレージ(洗車用)		24～30	24～30

湯水混合温度

給湯設備では、一般に60℃の湯を供給し、用途に応じて水を混ぜて適温にして使用します。湯と水を混合させた場合の温度は、下式で求められます。

$$Hm = \frac{Qh \times (Tc + Th)}{(Qw + Qh)}$$

Hm: 混合湯の温度（℃）、Qw: 給水の量（L）、Qh: 給湯の量（L）、Tc: 給水温度（℃）、Th: 給湯温度（℃）

日本各地の水道温度

下表は日本の各地域の**水道水の温度**です。井戸を水源としている地域では比較的水温は一定しておりますが、地表水を水源としている水道水には地域によっては著しい差があります。

給湯器等の容量算定には、供給水の水温が用いられます。不明の場合は通常4〜5℃の水温で計算をします。この場合は冬期の水温で機器容量算定を行うからです。給湯器などは冬期を基準に機器を選定します。

日本各地の水道温度

都市名	1月	2月	3月	4月	5月	6月	7月	8月	9月	10月	11月	12月	年間平均
札幌	-	2.4	3.0	2.9	10.5	13.0	18.6	18.0	-	12.7	5.7	2.5	8.9
仙台	4.0	3.5	3.5	6.0	11.0	13.5	15.0	19.5	19.5	18.0	14.0	11.0	11.5
新潟	3.1	2.4	5.4	10.0	15.7	19.1	22.6	22.4	21.3	16.0	10.2	6.7	12.9
東京	5.5	5.9	8.9	13.5	18.2	20.6	20.6	26.5	22.3	19.3	13.2	8.2	15.2
名古屋	4.2	4.8	7.0	13.0	15.4	18.0	19.5	22.6	23.2	16.7	13.7	10.0	14.0
大阪	6.4	5.3	11.3	16.4	18.6	21.5	25.6	27.6	26.0	20.3	16.4	9.1	17.0
高知	7.3	7.7	12.3	16.3	18.6	23.0	26.5	27.6	25.0	20.8	18.0	9.7	17.7
福岡	6.5	9.0	10.7	15.2	18.0	20.6	22.8	26.8	21.9	18.3	13.4	9.2	16.0
鹿児島	12.1	11.7	13.2	17.8	19.2	21.9	25.1	27.4	24.4	21.5	18.2	14.9	19.0
那覇	17.0	18.3	19.2	22.5	25.5	26.5	30.2	28.5	28.5	28.0	26.0	21.0	24.3

データ:「太陽熱給湯冷房システムの計画入門」、(財)ソーラーシステム振興協会

3-8 給湯量の算定

給湯量の算定の概略

> **Point**
> ●給湯量の算定には、人員法と器具数法による方法があります。
> ●人員が明確な場合は、人員数による算定を、不明な場合は器具数法を用います。
> ●余裕をとりすぎた算定をすれば、機器も消費熱量も過大になる場合があります。

■ 人員法による算定

人員算定が明確な場合は、**人員法**で求めることができます(下式)。

$Qd = N \times qd$

$Qhm = Qd \times qh$

Qd:1日当たり給湯量(L/日)、Qhm:時間最大予想給湯量(L/hr)、N:給湯対象人員(人)、qd:1人・1日当たり給湯量(L/日・人)、qh:1日の使用量に対する必要な1時間当たり給湯量の最大値の割合

■ 建物の種類別給湯量による算定

人員が分かる場合の**建物用途別給湯量**です。ただし、給湯の使用量だけは個人差が大きいので、発注者との協議を重ねて納得のいく数値を採用してください。

(空気調和・衛生工学便覧13版)

建物の種類	1人1日当たり給湯量(L/d・人)	1日の使用に対する必要な1時間当たり最大値の割合	ピークロードの継続時間	1日の使用量に対する貯湯割合	1日の使用量に対する加熱能力の割合
住宅・アパート	75〜150	1/7	4	1/5	1/7
ホテル					
事務所	75〜115	1/5	2	1/5	1/6
工場	20	1/3	1	2/5	1/8
レストラン				1/10	1/10
レストラン(3食/1日)		1/10	8	1/5	1/10
レストラン(1食/1日)		1/5	2	2/5	1/6
病院(ベッド当たり)	130	1/5	4	1/5	1/7

器具数法による算定

使用する器具数により、使われ方を想定し適量を下記計算式に挿入して求めます。

Qhm=n × q × α

Qhm: 時間最大予想給湯量 (L/hr)、n: 器具の個数 (個)、q: 器具1個の1時間当たりの給湯量 (L/日・個)、α: 建物の用途による使用率

建物別・器具別の給湯量（ASHRAE）

器具数による方法での計算式のバックデータです。標準的な数値ですので、利用状況を考慮して数値を決定してください。

器具別1時間当たりの給湯量（L）

器具の1時間当たり給湯量（L）、最終温度60℃で算定されたもの。　　　　　　　　（ASHRAE）

建物種別 器具種別	個人住宅	集合住宅	事務所	ホテル	病院	工場	学校	YMCA	体育館
洗面器(個人用)	7.6	7.6	7.6	7.6	7.6	7.6	7.6	7.6	7.6
洗面器(公衆用)	-	15	23	30	23	45.5	56	30	30
洋風バス	76	76	-	76	76			114	114
シャワー	114	114	114	284	284	850	850	850	850
台所流し	38	38	76	114	76	76	76	76	
配膳流し	19	19	38	38	38		38	38	
皿洗い機*1	57	57	-	190~760	190~570	75~380	76~380	76~380	
掃除用流し	57	76	57	114	76	76		76	
洗濯流し	76	76		106	106			106	
足洗い	11.5	11.5		11.5	11.5	45.0	11.5	45.0	45
ハバードタンク					2270				
水治療用シャワー					1520				
同時使用率	0.3	0.3	0.3	0.25	0.25	0.4	0.4	0.4	0.4
貯湯容量係数*2	0.7	1.25	2.0	0.8	0.6	1.0	1.0	1.0	1.0

*1 皿洗い機の所要量は採用する形式が分かれば、その形式のメーカーのデータから選ぶ。
*2 時間当たり最大予想給湯量に対する貯湯槽容量の割合。

器具別に、1回当たり給湯量と1時間当たりの使用回数による1時間当たりの給湯量です。個人差がありますので利用状況を考慮してください。

3-8 給湯量の算定

器具に対する給湯量（L） 温度 60℃

(空気調和・衛生工学便覧13版)

器具	1回当たり給湯量 L/回・個	1時間当たり使用回数 回/h	1時間当たり給湯量 L/h・個	
個人洗面器	7.5	1	7.5	
一般洗面器	5	2〜8	10〜40	
洋風バス	100	1〜3	100〜300	
シャワー	50	1〜6	50〜300	
台所流し	15	3〜5	45〜75	住宅・集合住宅で、営業用厨房の流しは別。
配膳流し	10	2〜4	20〜40	
洗濯流し	15	4〜6	60〜90	洗濯機の場合は機器容量による
掃除流し	15	3〜5	45〜75	
公衆浴場	30	3〜4	90〜120	1人当たり

＊器具同時使用率　病院・ホテル:25%　住宅・事務所:30%　工場・学校:40%

厨房器具別所要給湯量　温度 60℃

(建築設備設計基準・同要領　平成14年版)

厨房器具	給湯量(L/h)	厨房器具	給湯量(L/h)
野菜用流し	170	予備洗浄(プレフラッシュ)(手動)	170
1槽流し	110	同上　(プレフラッシュ)(密閉形)	880
2槽流し	220	循環式予備洗浄	150
3槽流し	330	パーシンク	110
予備くず落し(プレスクラッパ)(開放形)	660	洗面器(各々に対して)	19

　公共用建物に用いるデータです。地域によっても利用する人によっても給湯量は異なりますので、十分協議のうえ、給湯量を決定してください。

3-9 給湯単位法による給湯量の算定

給湯単位法による給湯量の算定

> **Point**
> - 給水設備と同様に、給湯単位法による給湯量の算定です。
> - 建物種類別による器具別給湯単位です。
> - 給湯単位数の合計から同時使用湯量を求めます。

給湯単位法による給湯量の算定の手順

給湯単位法による給湯量の算定は以下の手順にしたがいます。

① **各器具別の給湯単位を求める。**

② **同時使用流量を求める。**

器具別給湯単位　温度60℃

(建築設備設計基準・同要領　平成14年版)

建物種類 器具種類	共同住宅	事務所	体育館	学校	独身寮	病院	ホテル・寄宿舎
洗面器(私用)	0.75	0.75	0.75	0.75	0.75	0.75	0.75
洗面器(公用)	1.0	1.0	1.0	1.0	1.0	1.0	
洋風浴槽	1.5				1.5	1.5	1.5
皿洗い機	1.5		客席数250に対して5単位				
台所流し	0.75			0.75	1.5	3	1.5
配膳流し				2.5	2.5	2.5	2.5
掃除流し	1.5	2.5		2.5	2.5	2.5	2.5
シャワー	1.5	1.5	1.5	1.5	1.5	1.5	1.5

給湯単位による同時使用流量

■同時使用流量(1)

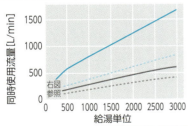

■同時使用流量(2)

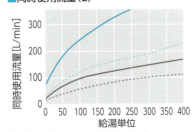

凡例　── レストラン　┈┈ 病院・療養所・養育院・寮・ホテル・モーテル
　　　── 集合住宅　　┈┈ 事務所、小・中・高等学校

3-10 給湯機器の算定

給湯機器の算定

> **Point**
> ●エクセルなどで計算書式を作成しておくと便利です。計算書式の例があれば、間違いがなくなり、より早く求めることができます。
> ●算定に必要なデータを手元に準備して、算定してください。

■ 貯湯容量の算定

人員法と**器具数法**があります。両方を算定し、どちらの算定法を選択するかは設計者の判断によります。適量を求めてください。貯湯容量の算定の計算式は、以下のようになります。

①人員による方法

$V = Qd \times v$

V: 貯湯容量（L）、Qd: 1日当たり給湯量（L/日）、v: 1日使用量に対する貯湯割合

②器具数による方法

$V = Qhm \times vL$

V: 貯湯容量（L）、Qhm: 時間最大給湯量（L/hr）、vL: 貯湯容量係数

■ 加熱容量の算定

人員法、器具数法と**給湯単位法**があります。

3つの方法をそれぞれ求めて、どの方法が最も適した容量なのかを判断して決定してください。加熱容量の計算式は、以下のようになります。

①人員による方法

H=0.00116 × Qd × r (th-tc)

H: 加熱容量（kw/hr）、Qd:1 日当り給湯量（L/ 日）、r:1 日使用量に対する加熱能力の割合、th: 給湯温度（℃）、tc: 給水温度（℃）

②器具数による方法

H=0.00116 × Qhm（th-tc)

Qhm: 時間最大給湯量（L/hr）、th: 給湯温度（℃）、tc: 給水温度（℃）

③給湯単位による方法

H=0.00116 × Qp（th-tc)

Qp: 瞬時給湯量（L/min）、th: 給湯温度（℃）、tc: 給水温度（℃）

また、局所式給湯器の計算式は、以下のようになります。

①瞬間式湯沸器加熱能力 H（kw/h）

H=0.00116 × Q（th-tc)

Q: 給湯量（L/hr）、th: 給湯温度（℃）、tc: 給水温度（℃）

②貯湯式湯沸器貯湯量 Q'（L）

Q' =N × q/K2

N: 給湯対象人員（人）、q:1 人当たり給湯量（L/ 人）　湯沸室用 …0.2 〜 0.3　食堂用 ……0.1 〜 0.2、K2: 連続出湯量係数（≒ 0.7）

3-10 給湯機器の算定

■ 瞬間湯沸器（給湯器）の号数と能力

● 号数とは

水温を 25℃上昇させた湯を 1 分間に出湯する量 (L) を能力としています。

例えば、24 号とは水温 +25℃上昇させた湯を 1 分間に 24L 出湯することのできる能力があります。

● 水温の変化

水温は、季節により異なります。よって、給湯器等の出湯量や出湯温度も季節によって大きく変化しますので注意してください。

①出湯温度の変化 (一定量の出湯量の場合)

　冬期……水温 5℃の時、+25℃ =30℃となる。
　夏期……水温 20℃の時、+25℃ =45℃となる。

②出湯量の変化 (一定温度の出湯温度の場合)

　冬期……水温 5℃の時、16 号給湯器は、16L × 25℃÷ (45℃－ 5℃)=10(L/min)
　夏期……水温 20℃の時、16 号給湯器は、16L × 25℃÷ (45℃－ 20℃)=16(L/min)

■ 給湯器容量の算定式

● 号数の求め方

$$号数 = \frac{W(th\text{-}tc)}{給湯時間（分）\times 25}$$

W: 必要湯量 (L)、th：湯温（℃）、tc: 水温（℃）

● 号数から給湯量（L/min）の求め方

$$給湯量 = \frac{号数 \times 25}{湯温 - 水温}$$

● 号数から給湯所要時間 (分) の求め方

$$給湯所要時間 = \frac{W(th\text{-}tc)}{号数 \times 25}$$

3-11 給湯管径の決定
給湯管の口径の求め方

> **Point**
> - 給水管の口径決定の方法と同じと考えてください。
> - 各区間の流量を求め、使用する管種の流量線図から求めます。
> - 流速は、給水管より遅めに設定します（1.0m/sec程度）。

給湯単位による方法

給水管管径の決定と同様に、管の流量と単位長さ当たりの圧力損失の関係を表す管種別の流量線図により求めます。算定の手順は以下の通りです。
① 各器具別の給湯単位を求める。
② 同時使用流量を求める。
③ 同時使用流量と流速（1.0m/sec程度）より管種別の流量線図から管径と摩擦損失水頭を求める。
④ 許容摩擦損失水頭を計算により求める。
⑤ 許容摩擦損失水頭がオーバーする場合は、管径を太くして③からやり直す。

許容摩擦損失水頭の求め方

給水設備の項の場合と同様に求めます。
配管の摩擦抵抗に利用できる水圧を求めて、単位長さ(1m)当たりの配管に利用できる**許容摩擦抵抗R値**を求めます。算定式は以下の通りです。

$$R = \frac{H - Hf - H'}{L1 + L2}$$

R: 許容摩擦抵抗(kPa/m)、H: 高置水槽底部から器具までの垂直高さ(kPa)、Hf: 上階までの給湯立管で生じる摩擦損失水頭(kPa)、H': 給湯器具の必要圧力(kPa)、L1: 配管実長(m)、L2: 局部抵抗の相当配管長(m)

配管の摩擦抵抗 = 直管部の抵抗 + 局部抵抗

管径を求める場合の注意事項

　管径を求める際には、熱源機器までの水圧に注意しましょう。末端部分での給水圧と給湯圧のバランスを取るためです。また、配管材料の採用決定時には、管内のスケールの付着を考慮します。鋼管類には、管径を太めにします。

瞬時最大予想給湯量による方法

　瞬時最大予想給湯量によって算定する方法もあります。手順は以下の通りです。
① 給湯単位による方法以外に人員法や器具数法で給湯量を求めた場合は、時間最大給湯量の 1.5 ～ 2.0 倍を瞬時最大予想給湯量として計算する。
② 「給湯単位による方法」は、①～③（P.109）と同じ手順となる。

返湯管の管径の決定

　返湯管の管径の算定の手順は以下の通りです。
① **給湯用循環ポンプの循環量をもとに決定する。**
　後述の給湯用循環ポンプの算定式①循環湯量 W(L/min) から流速 1.0m/sec 以下で管径を決定します。循環湯量はシステムを構成する機器や配管からの全熱損失によって算出されます。ただし、実施設計で給湯往管の配管径を決定しないと循環湯量は算出できません。そのために、一般には概略的に下表により返湯管の管径を決定しています。

返湯管の管径

（建築設備設計基準・同要領　平成14年版）

給湯管径	20～40	50	65	80	100	125	150
返湯管径	20	25	32	40	50	65	80

② **上表に示すように、主要給湯管(往管)の管径の 1/2 程度が目安となります。**
　例えば、給湯往管が 80 φの場合は、返湯管径は 40 φとなります。

3-11 給湯管径の決定

適正な保温厚さの求め方

保温の経済的厚さは、保温材の内部温度、周囲温度、保温材の熱伝導率、表面熱伝導率、保温施工価格、熱量単価、年間使用時間などから決定されます。簡易計算法をぜひ作成してみましょう。

給湯配管の熱損失

（建築設備設計基準・同要領平成14年版）（単位:W/m・℃）

種別＼呼び径(A)	15	20	25	30 (32)	40	50	60 (65)	75	80	100	125	150
保温銅管	0.2	0.24	0.29	0.33	0.37	0.44	0.52	―	0.6	0.64	0.77	0.89
保温ステンレス鋼鋼管	0.2	0.24	0.29	0.32	0.37	0.41	0.49	0.58	0.66	0.69	0.82	0.94
裸銅管	0.58	0.81	1.04	1.27	1.51	1.97	2.43	―	2.9	3.82	4.75	5.67
裸ステンレス鋼鋼管	0.58	0.81	1.04	1.24	1.56	1.77	2.2	2.78	3.25	4.16	5.09	6.01

*外表面熱伝達率は11.63W/㎡・℃、内表面熱伝達率は7000W/㎡・℃、銅管の熱伝導率は388W/㎡・℃、ステンレス鋼鋼管の熱伝導率は16W/㎡・℃、保温材（ロックウール保温筒）の熱伝導率は0.045W/m・℃、配管の保温材の厚さは、15〜80Aは20㎜、100〜150Aは25㎜。なお、1W=0.860kcal/hとする。

樹脂管の使用温度と最高使用圧力

耐熱性硬質塩化ビニル管 (JISK6776)		架橋ポリエチレン管 (JISK6769)		ポリブテン管 (JISK6778)	
使用温度 (℃)	最高使用圧力 (MPa)	使用温度 (℃)	最高使用圧力 (MPa)	使用温度 (℃)	最高使用圧力 (MPa)
5〜40	0.98	0〜20	1	5〜30	0.98
		21〜40	0.8	31〜40	0.88
41〜60	0.59	41〜60	0.65	41〜50	0.78
61〜70	0.39	61〜70	0.55	61〜70	0.59
				51〜60	0.68
71〜90	0.2	71〜80	0.5	71〜80	0.49
		81〜90	0.45	81〜90	0.39
規定なし		91〜95	0.4	規定なし	

3-12 給湯用循環ポンプの算定

給湯循環ポンプの循環水量は、配管等の熱損失分だけの水量です

Point

- 常に温かい湯を供給するために、ポンプで循環させます。
- 給湯管の往管と返湯管から、湯の温度低下を防ぎます。
- 返湯管に設置のサーモスタットで温度設定をします。

給湯用循環ポンプ

　中央式複管方式給湯配管に設置する**循環ポンプ**には、通常**ラインポンプ**を使用します。

　循環ポンプは配管内のお湯を循環させることにより、どこの給湯栓を開けても、すぐに温かい湯が出るよう、管内の湯の温度を低下させないために設けられます。

　循環ポンプの**循環水量**は、循環配管系統からの熱損失量を給湯供給温度と返湯温度との温度差で割ることで求めることができます。この温度差は、通常は5℃程度です。

　ポンプの揚程は、ポンプの循環水量をもとに、一般に給湯往管と返湯管の長さの合計が最も大きくなる配管系統の摩擦損失(抵抗)を計算し求めます。

　循環ポンプは、背圧(流出側の圧力)に耐えることができるものを選定します。一般的に返湯管側に設け、返湯管の管径は給湯往管の口径の約1/2程度を目安としています。

　循環湯量と循環水頭を算出したら、循環ポンプのメーカーカタログから型式、品番、口径、動力等を選定してください。

循環ポンプの能力を過大にしないでね!

給湯用循環ポンプの算定式

①循環湯量W(L/min)

$W=0.2q$ ……簡易な場合

$W=0.0143\times\left(\dfrac{Ht}{\varDelta t}\right)$ ……貯湯槽を設置する場合の計算式

W:ポンプの循環量(L/min)
Ht:配管からの熱損失(W)
(弁・ポンプ等の熱損失≒Ht×0.2~0.3)
$\varDelta$t:給湯と返湯の温度差(℃)(≒5)

②給湯配管の熱損失

(建築設備設計基準・同要領平成14年版)(単位:W/m・℃)

種別＼呼び径(A)	15	20	25	30(32)	40	50	60(65)	75	80	100	125	150
保温銅管	0.2	0.24	0.29	0.33	0.37	0.44	0.52	—	0.6	0.64	0.77	0.89
保温ステンレス鋼鋼管	0.2	0.24	0.29	0.32	0.37	0.41	0.49	0.58	0.66	0.69	0.82	0.94
裸銅管	0.58	0.81	1.04	1.27	1.51	1.97	2.43	—	2.9	3.82	4.75	5.67
裸ステンレス鋼鋼管	0.58	0.81	1.04	1.24	1.56	1.77	2.2	2.78	3.25	4.16	5.09	6.01

*外表面熱伝達率は11.63W/㎡・℃、内表面熱伝達率は7000W/㎡・℃、銅管の熱伝導率は388W/㎡・℃、ステンレス鋼鋼管の熱伝導率は16W/㎡・℃、保温材(ロックウール保温筒)の熱伝導率は0.045W/m・℃、配管の保温材の厚さは、15〜80Aは20㎜、100〜150Aは25㎜。なお、1W=0.860kcal/hとする。

③循環水頭H(m)

$H=0.01\left(\dfrac{L}{2+L'}\right)$

H:循環ポンプの揚程(m)
L:給湯主管の長さ(m)
L':返湯主管の長さ(m)

3-13 安全装置の設計

機器や配管が爆発しないための安全を確保する手段

> **Point**
> ● 加熱した水の膨張を防ぐために設ける装置が逃し管(膨張管)です。
> ● 水は温度が上昇すると体積が膨張します。不備だと機器や配管の損傷にもつながります。

■ 逃し管(膨張管)

貯湯槽内の加熱した水が膨張し、装置内の圧力を異常に上昇させる現象が起こります。それを防止するために**逃し管(膨張管)**を設置します。

逃し管の口径は補給水管の1～2サイズダウンとし、最小口径は次ページの表によります。

■ 逃がし弁

水道直結の瞬間湯沸器や給湯器等の加熱装置には、圧力が高くなったら湯水を自動的に逃がす、**逃がし弁**があります。

■ 安全弁

自動圧力逃がし装置のことです。圧力容器や配管内の圧力の上昇を防ぐ弁です。

■ 自動空気抜き弁

配管内の空気を逃がすために、配管ルート内の正圧になる場所や個所の最上部に取り付け、配管内の流れをスムーズにさせます。

■ 配管の膨張対策

給湯に使用される給湯管は、流体の温度変化によって管が伸縮します。

例えば、長さ1mの耐熱性硬質塩化ビニル管は温度が5℃から60℃になると、3.9㎜長さが伸びます。対応をしなければ配管が座屈したりします。そのために**伸縮継手**を設けたり、曲がりを多く設けて配管にたわみ性をもたせます。

3-13 安全装置の設計

安全装置の設計資料

■逃し管口径の決定

逃し管の口径は補給水管の1～2サイズダウンとし、最小口径は下表による。

●逃し管の最小口径　(ボイラー構造規格第150条)

ボイラー伝熱面積（㎡）	口径
10未満	呼び径25以上
10以上15未満	呼び径32
15以上20未満	呼び径40
20以上	呼び径50

■逃し管の高さの算定

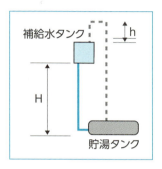

$h > H \times \{(\rho 1 / \rho 2) - 1\}$

h:逃し管の高さ(m)
H:給湯用補給水タンクからの静水頭(m)
$\rho 1$:水の密度(kg/L)
$\rho 2$:湯の密度(kg/L)

●水の比重表

温度(℃)	比重量(kg/L)	温度(℃)	比重量(kg/L)	温度(℃)	比重量(kg/L)	温度(℃)	比重量(kg/L)
0	0.9998	20	0.9982	50	0.9881	90	0.9653
5	1	25	0.9971	60	0.9832	100	0.9584
10	0.9997	30	0.9957	70	0.9778		
15	0.9991	40	0.9922	80	0.9718		

●配管の膨張対策

$L = PL \times \lambda \times (th - tc) \times 1000$

PL:配管の長さ(m)
λ:線膨張係数
th:給湯温度(℃)
tc:給水温度(℃)
L:∴膨張長さ(mm)

各種管の線膨張係数

管種	線膨張係数(℃-1)
鋼管	0.00001098
ステンレス鋼管	0.000016
銅管	0.00001719
耐熱性硬質塩化ビニル管	0.00007
架橋ポリエチレン管	0.0002
ポリプテン管	0.00015

3-14 膨張タンクの容量

膨張タンクの容量の算定

Point
- 膨張タンクとは、ボイラや配管内の膨張した水を吸収するためのタンクです。
- 膨張タンクには、開放型と密閉型があります。
- 配管の伸縮継手は、20〜30m間隔ごとに配置してください。

開放型膨張タンクの容量

膨張タンクは、湯を大量に使用する住宅のセントラルヒーティングやビルディング用の空調システム、大規模、給湯システムなどで発生する膨張水を吸収するための容器です。補給水槽を兼ねる開放式膨張タンクの有効容量は、加熱による給湯装置内の水の膨張量に給湯装置への補給水量を加えた容量とします。算定式は以下の通りです。

$$Qv = \Delta V + Qhm$$

$$\Delta V = K1 \times \left(\frac{\rho 1}{\rho 2} - 1\right) V$$

Qv: 膨張タンク容量 (L)、⊿V: 膨張量 (L)、ρ1: 水の密度 (kg/L)(5℃:0.99999 kg/L)、ρ2: 湯の密度 (kg/L)(60℃:0.98336 kg/L)、V: 給湯系統の全水量 (L)、K1: 余裕係数 (=1.5〜2.5)、Qhm: 時間最大予想給湯量 (L/hr)

* 簡便法として、膨張量吸収分としての容量は装置内全水量の 5% とすることができる。

各種管径における単位内容積

(建築設備設計基準・同要領平成14年版)　　(単位:L/m)

管径	15	20	25	32	40	50	65	80	100	125	150	200	250	300
鋼管	0.2	0.37	0.6	1	1.36	2.2	3.62	5.12	8.71	13.44	18.92	32.91	50.75	72.92
銅管	0.16	0.33	0.56	0.84	1.18	2.05	3.15	4.5	7.85	12.2	17.53	-	-	-

管径	13	20	25	30	40	50	60	75	80	100	125	150	200	250
ステンレス鋼管	0.16	0.32	0.55	0.78	1.28	1.68	2.6	4.22	5.69	9.56	14.48	19.91	34.74	53.67

密閉型膨張タンクの容量

 密閉式膨張タンクを設ける場合は、**膨張管**(開放式膨張タンクを屋上に設置した時の、末端から膨張タンクまでの配管)ではなく、ボイラなどの装置に**逃し弁**(スプリングによって弁体を弁座に押さえ付けている弁です。所定の圧力を超えると弁体が自動的に開き、圧力を逃します)を取り付けます。

 また、逃し弁の作動圧力の設定は、膨張タンクにかかる給水圧力よりも高くします。算定式は以下の通りです。

$$VT = \varDelta V / \left\{ 1 - \left(\frac{P1}{P2} \right) \right\}$$

VT: 膨張タンクの最小有効容積 (L)

P1: 膨張タンクの最低使用圧力 (膨張タンク空気室初期充填圧力)(kPa)(=a+b+c)

　a: 膨張タンクに加えられる補給水圧力 (kPa)

　*a=(接続位置補給水圧力)−(補給水接続位置から膨張タンク接続までの損失水頭)

　b: 循環ポンプにより膨張タンクに加えられる圧力 (kPa)

　* 膨張タンクを循環ポンプ吸込み側に設ける場合は0とする。

　c: 大気圧力 (=98)(kPa)

P2: 膨張タンクの最高使用圧力 (=P1+ $\varDelta$ P)(kPa)

　$\varDelta$ P: 膨張タンク内の圧力がP1の状態から水の膨張による圧力上昇として許容できる幅 (=d−(e+f+g)) (kPa)

　d: 逃し弁セット圧力 (kPa)、e: 逃し弁に対する余裕 (=d×0.1)(kPa)、f: 逃し弁に加えられる補給水圧力 (=(接続位置補給水圧力)−(補給水接続位置から逃し弁接続位置までの損失水頭))(kPa)、g: 循環ポンプにより逃し弁に加えられる圧力 (kPa)(={(循環ポンプの吐出揚程)−(循環ポンプから逃し弁接続位置までの損失水頭)})

$\varDelta$ V: 装置内全体の膨張水量 (=(ρ2−ρ1)×V×ρw) (L)

　ρ1: 最低使用温度における水の比体積 (L/kg)

　ρ2: 最高使用温度における水の比体積 (L/kg)

　V: 給湯系統の全水量 (L)

　ρw: 水の密度 (kg/L)(≒1)

3-15 浴場施設用循環ろ過装置

24時間いつでも快適、きれいなお湯が楽しめます

> **Point**
> ●浴槽の大きさ、利用人員、使用時間等の条件のもとでろ過装置のサイズを決定します。
> ●ろ過装置のろ材には、砂・けいそう土、カートリッジ等があります。

■ 浴場施設の設備

　浴場施設で沸かし湯や温泉の量がかぎられている場合には、浴槽内の湯を循環・ろ過し、さらに湯の温度を保つために加熱して浴槽に戻します。

　また温泉が豊富でも、浴槽内の湯の温度を均一にするためや、湯を清浄に保つためなどの理由で**循環・ろ過設備**や**過熱設備**を設けています。

　浴槽の湯は、**集毛器（ヘアキャッチャ）**で毛髪や大きな異物を除去してから、ろ過器でろ過し、加熱器で適温に加熱し、殺菌して浴槽に戻すという循環を繰り返しており、湯を清浄に保つために、通常1時間に2回程度浴槽の湯が入れ替わるような循環をしております。

　ろ過器には、天然砂や人工ろ材、珪藻土、糸巻きフィルタ（カートリッジ）を**ろ材**にしたものが使用されています。

■ 浴室の管理

● 管理の目的

　浴槽水を原因とする**レジオネラ症**等の感染症の予防のため、施設管理者は常に適切な維持管理を行い衛生的に保つ必要があります。

● 設備（浴槽、循環ろ過器、配管等）の清掃・点検

　レジオネラ属菌は、アメーバなどの原生動物に寄生して増殖するという特徴があります。温かく、栄養分（人の垢など）のある水が循環する循環ろ過装置では、壁面や配管に**生物膜**（いわゆる**ぬめり**）が形成されやすく、この生物膜の中で原生

動物やレジオネラ属菌が増殖します。そのために集毛器は毎日清掃、ろ過器は 1 週間に 1 回以上の逆洗、入浴前に浴槽水の消毒を行い、**残留塩素濃度**を確認します (0.4mg/L 以上、1.0mg/L 以下が望ましい)。

循環湯量の算定

循環湯量の算定は以下の算定式の通りです。

$$Vc = q \times \frac{1}{T-Vs}$$

$$T = q/N \times \frac{1}{q0}$$

Vc: 循環湯量 (L/hr)、q: 浴槽容量 (L)、T:1 ターンに必要な時間 (hr)(≦ 0.5 とする)、Vs: 補給水量 (=N × q1) (L/h)、N: 時間当たり入浴人員 (人 /hr) (= 入浴対象人員 / 浴場利用時間)、q1:1 人当たり補給水量 (L/ 人) (≒ 10)、q0:1 ターンが 1 時間の場合の標準浴槽水量 (L/h・人) (=60 〜 80)

有効ろ過面積の算定式は以下の通りです。

A=Vc/1000V

A: 有効ろ過面積 (㎡)、Vc: 循環湯量 (L/hr)、V: 通水線速度 (m/h)

	循環ろ過装置のろ材		
名称	材料	特性	通水線速度(m/h)
砂	上水道基準の砂	入手容易で安価。ろ材交換が必要。	25〜30
けいそう土	けいそう土ろ過膜	ろ過膜の作り替えが必要。流出ろ材の回収が必要。	20〜50
カートリッジ	合成繊維糸の層	装置が小型、逆洗は不要。ろ材は使い捨て。	10〜20

第 3 章 給湯設備

3-15 浴場施設用循環ろ過装置

ろ過の仕組み

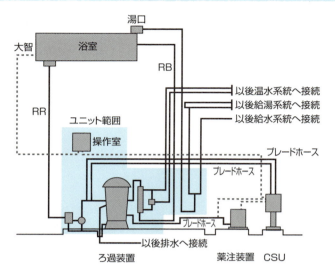

3-16 太陽熱給湯システム

太陽熱を利用した温水器でお湯をつくる仕組みです

Point
- 太陽熱（自然エネルギー）を有効活用した水を温める装置です。
- 太陽熱温水器は、パッシブソーラーの一種です。
- 悪天候時には集熱できません。

太陽熱温水器とは

戸建住宅に多く設置されています。家庭用の温水器は集熱部と貯湯部が一体になっているものが多いですが、業務用に使用するものは、集熱部と貯湯部が別々に設置されます。

曇天や雨天時には集熱できませんので、別に加熱装置が必要となります。

太陽熱利用の基本計画

基本計画では、給湯負荷の発生状態を把握したうえで、その地域の年間日射量や太陽熱依存率をどこまで設定できるか、建築計画の中で集熱板の設置できる場所、積載荷重に対する建物の強度、面積、方位、建物の日影の影響なども考慮して、総合的に計画し判断してください。

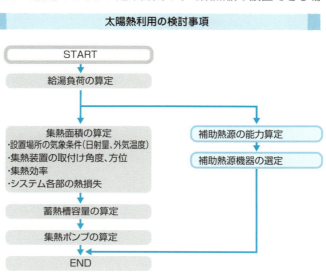

太陽熱利用の検討事項

3-17 給湯設備に使用する主な管と継手類

給湯配管の種類

Point
- 銅管を使用する場合は、管内流速をあまり速くしないようにしましょう。
- 樹脂管は、耐食性があり軽量で施工性はよいが、衝撃と伸縮に留意しましょう。
- ステンレス管は、アルゴン溶接接合となり、熟練を要します。

給湯配管材料の種類

給湯管が給水用配管と異なる点は、管内の水温が高いので**配管の膨張**があることです。**高温にも耐えられる配管材料**としなければなりません。

主に使用されるのは**銅管**ですが、最近のマンションや住宅では**システム配管**(水まわりの配管をひとまとめとした配管)として**架橋ポリエチレン管**などの**樹脂管**がよく使用されています。その他にも給湯管に適しているものを下表に示します。表中の○印は、主な適用品です。

給湯設備に使用する主な管・継手類

	名称		屋外埋設	屋内配管	トレンチ・ピット内	住戸内配管	屋外露出配管	備考
管類	一般配管用ステンレス鋼鋼管	JISG3448	○	○	○		○	
	配管用ステンレス鋼鋼管	JISG3459	○	○	○		○	
	給湯用塩化ビニルライニング鋼管	WSP043		○	○		○	C-VA
	銅管(LまたはMタイプ)	JISH3300		○	○		○	
	耐熱性硬質塩化ビニル管	JISK6776				○		
	架橋ポリエチレン管	JISK6769				○		ヘッダ工法・床
	ポリブテン管	JISK6778				○		
継手	一般配管用ステンレス鋼鋼管のプレス式管継手	SAS352	○	○	○		○	
	一般配管用ステンレス鋼鋼管の圧縮式管継手	SAS353	○	○	○		○	
	銅管の継手	JISH3401		○	○			
	耐熱性硬質塩化ビニル管継手	JISK6777				○		
	架橋ポリエチレン管継手	JISB2354				○		ヘッダ工法・床
	ポリブテン管継手	JISK6779				○		

3-18 給湯設備における省エネルギー

技術者の挑戦課題です

Point
- 小さなものでも集まれば効果的な省エネルギーとなります。
- 給湯の場合は、単なる水資源だけではなく熱源問題も含まれます。
- 使用量にも無駄をなくし適温を適量で使用しましょう。

熱回収の対象となる熱源水の温度の目安

普段何気なく捨てている排水など、少量の場合はやむを得ぬ時もありますが、大量となると、もったいないという気持ちがでてきます。それらを何とか再利用し、少しでも省エネに結び付けられないでしょうか。そのような観点から、今後の熱原水を取り上げてみました。

熱回収の対象となる熱源水の温度の目安

熱源水	温度(℃)	備考
ホテル客室排水	10〜32	排水管が建物内にあれば32℃程度。屋外にある場合は、地域、季節により異なる。
大浴場排水	30〜35	公衆浴場、温泉浴場の場合。
住宅団地雑排水	10〜28	地域、季節、排水管の設置場所に左右される。
厨房排水処理施設処理水	25〜35	除害施設が建物の内部にある場合。
排水再利用水	20〜30	給湯使用量の多い場合。
終末処理場処理水	15〜25	季節により異なる。
河川水・海水	5〜29	東京地方の場合。
地下水	11〜25	地域、深度により異なる。年間温度変化は少ない。

深夜電力利用の給湯設備とは

貯湯式給湯方式の一種で**深夜電力**を利用し、電気加熱器により貯湯して必要個所に給湯するものです。一般住宅や集合住宅などで採用されています。

深夜電力のため、使用時間帯により**電力料金が割安**となります。

第3章 給湯設備

排水通気設備

雨水・湧水・空調ドレン等の発生水、衛生器具などで使用された水を敷地外へ排出するための設備が排水・通気設備です。速やか、かつ衛生的に排出するため適切な排水配管とともに、臭いのトラブル防止のための排水トラップ・通気設備などの付属設備も含まれます。

4-1 主な排水設備の専門用語

排水・通気設備の主な専門用語

> **Point**
> - 新しい機器やシステムの開発と共に新語がつぎつぎと生まれています。
> - 誤った解釈を覚えないように注意が必要です。
> - 指示をする際も受ける場合も、用語の説明が明確にできるようにしましょう。

■ 排水の種類

建物および敷地内の排水は、一般に次のように区分されます。

汚水	大便器・小便器・汚物流し・ビデなどからの排水。
雑排水	汚水以外の排水器具からの排水。
雨水	屋根や敷地の降雨水をいいます。雑排水では湧水など汚れていない水を含む場合もある。
特殊排水	一般の排水や下水本管へ直接放流できない有害・有毒など望ましくないものを有する排水。

■ インバート桝

汚水桝のことです。汚物が流下しやすいように、底部にインバート(半円形の溝)が設けてある桝をいいます。

トラップ

排水管内の悪臭や害虫が器具の排水口を通過して室内に侵入することを阻止する装置です。その阻止機能が封水によるものを水封式トラップといいます。

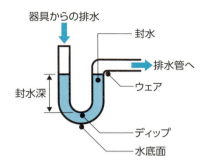

阻集器

排水中に含まれる有害・危険な物質などの流下を阻止し、分離・収集・除去するための装置のこと。**グリース阻集器**、**オイル阻集器**、**プラスタ阻集器**、**毛髪阻集器**などがあり、トラップ構造となっているものは、二重トラップとならないように注意が必要です。

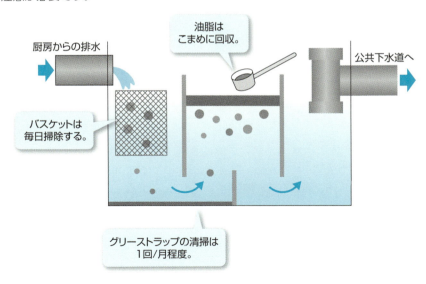

4-1 主な排水設備の専門用語

■ 間接排水

排水管を一度大気に開放して縁をきり、排水口空間を取って、その下に設けた排水器具等を介して排水する方法です。

■ 通気管

排水系統の管内圧力を緩和することを目的として空気を流通させるために設けられる管の総称です。管内の流れをスムーズにするとともに、トラップの封水を守り、排水管内を換気する役割も果たしています。

■ 通気方式

トラップを保護するためや、通気管の機能を高めるための重力式排水システムに適用される方式です。**各個通気方式**、**ループ通気方式**、**伸頂通気方式**等があります。

4-1 主な排水設備の専門用語

二重トラップ

1つの排水系統に、直列に2個以上のトラップが設置されることをいいます。トラップ間の管路内の空気を密閉し、排水の流れを阻害したり、大きな圧力変動を起こす恐れがあるため、禁止されています。

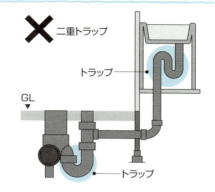

ブランチ間隔

排水立管に接続している各階の排水横枝管または、排水横主管のあいだの垂直距離が、2.5mを超える排水立管の区間をいいます。

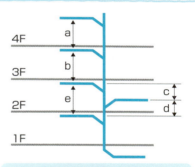

a、b、eはそれぞれ2.5mを超える区間。
c、dはそれぞれ2.5m以内の区間。
a、b、eをブランチ間隔という。

跳水現象

排水立管から排水横主管に排水が流入すると、排水の流入速度は急に減じられ、水深が部分的に増加し、時には満水になることもあります。これを跳水現象といいます。

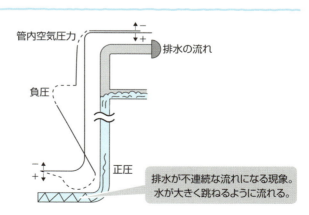

排水が不連続な流れになる現象。水が大きく跳ねるように流れる。

4-1　主な排水設備の専門用語

建物と排水（分流式の例）

道路下水同局が管理

取付ます
敷地内から汚水を最終的に集め、取付管へ流すためのます。

側溝

公共ます

公共下水道

雨水ます

取付管
取付ますと下水道本管を接続する管。

所有者が管理

台所　洗面所　トイレ　風呂　足洗場

排水設備

トラップは防臭等の役目をする。

管トラップ　床(ワン)トラップ　トラップます

■ オフセット

　配管経路を平行移動する目的で、垂直に対して45°を超え移行する排水立管のことです。オフセットは、次のいずれかにより通気管を設けます。
①排水立管のオフセットの上部と下部とに分割して通気を行う場合は、それぞれを単独な排水立管として通気管を設けます。
②オフセットより下方の排水立管の立上延長部分、またはオフセットとその下流直後の排水横枝管とのあいだの部分に結合通気を設けます。

4-2 排水設備の設計手順

法令に定められている排水設備の設置および構造の技術上の基準にしたがいます

Point
- 施工性、経済性、耐久性、安全性、維持管理を考慮して設計しましょう。
- 敷地、建物の利用計画、現場状況を十分に考慮し適切な機能を備えましょう。
- 耐震性の配慮も忘れずに。

設計手順

① **計画与条件の確認**

用途、規模、敷地状況、水使用個所の種別、排水放流先の状況、公共下水道の有無等を確認します。

② **法的規制および指導事項の調査**

排水の規制および処理(総量規制・除害施設等)の有無、排水再利用、雨水利用等の指導事項を調べます。

③ **計画方針の確認**

排水系統および方式の決定。公害対策、省資源・省エネルギー等の検討、経済性、施工および保全性能の検討。配管および継手材料の選定を検討します。

④ **排水量の算定**

系統別排水量・雨水量、排水槽容量等の算定をします。

⑤ **設計図書の作成**

排水・通気配管、排水槽、阻集器、排水処理装置・施設等を作図します。

⑥ **機材等の仕様決定**

機器・配管材料等の仕様を決定します。

⑦ **工事費の算定**

```
START
  ↓
計画与条件の確認
  ↓
法的規制および指導事項の調査
  ↓
計画方針の確認
  ↓
排水量の算定
  ↓
設計図書の作成
  ↓
機材等の仕様決定
  ↓
工事費の算定
  ↓
END
```

第4章 排水通気設備

4-3 各段階での検討事項
排水設備の事前調査

> **Point**
> - 公共下水道の有無と処理区域の確認は、現地か下水台帳により調べます。
> - 現地調査で排水管の埋設位置を定め、公共ます等の深さを基準とします。
> - 雨水流出抑制施設の設置の有無とその計算式は行政の指導にしたがいます。

■ 排水方式の決定時の検討事項

下水道局等の官公庁と協議打ち合わせを行い、下水台帳の閲覧のうえ排除方式ならびに排水放流先の調査・確認をします。

・現場調査、官公庁などと打ち合わせ。
・排水放流先の調査。
・公共下水道の有無と排除方式の決定（合流式か分流式か）。
・事前排水協議の必要の有無。

■ 排水の系統区分時の検討事項

建設場所が処理区域・排水区域、あるいは分流式、合流式のいずれかであることを確認します。

・排水の種類、水質による区分。
・特殊排水の有無。

■ 処理施設の設計時の検討事項

公共下水道が整備されていない地域では、下記の設置設備について、行政と協議打ち合わせを行います。なお、中水処理装置や特殊な井水処理についても同様です。

・浄化槽、厨房除害施設、中水処理装置、特殊排水処理など。

排水・通気方式の決定時の検討事項

　屋内排水設備の設計に当たっては、その機能を発揮できるよう安定、安全な状態にします。大きな流水音、異常な振動、排水の逆流などが生じないように、衛生器具は排水系統に正しく接続され、排水系統が適切に組み合わされたものとします。
・配管材および継手材料等の決定。
・二管式か単管式か。
・排水負荷流量の算定。
・排水および通気管径の決定。

重力式の有無の時の検討事項

　高層階からの排水立管から排水横主管へ移行する場合、脚部継手やサイズアップの排水管などの対処方法を検討します。また、地階の排水器具の排水方法も検討します。
・1階の排水処理の方法。
・地階に排水器具がある場合、または屋外排水の埋設深度の方が浅い場合は、排水槽の設計へ進みます。

排水槽の設計時の検討事項

　地階等の排水に自然放流が不可能な場合などには排水槽を設置しますが、その際下記の項目には十分な検討が必要です。
・排水時間の制約、防臭計画。
・機器容量の算定 (排水槽、ポンプ、阻集器など)。

屋外排水の設計時の検討事項

　屋外排水は、屋内排水設備からの排水を受け、さらに敷地内の建物以外から発生する下水と合わせて、敷地内のすべての下水を公共下水道へ流入させる設備です。汚水・雨水の排除方法、ますの形状と深さ等の検討を行います。
・一般排水と雨水排水の合流の有無。
・屋外雨水計画 (管径、勾配、ますの設置個所など)。

4-4 排水の排除方式

地域によって排水系統の区分が異なります

Point
- 敷地内の排水方式と公共下水道での排水方式をしっかり確認しましょう。
- 排水の排除方式は、自然重力式排水が原則です。
- 特殊な排水系統は、行政との協議打ち合わせを必ず行ってください。

排水系統の区分

排水系統は、現場調査時に関係官公庁との調査・打ち合わせにより、放流先の状況で決定されますが、主な排水方式には次の方法があります。

建物内の排水方式には、汚水と雑排水とを同一の系統で排除する**合流式**と、汚水と雑排水を別々に排除する**分流式**があります。

下水道では、**汚水（汚水＋雑排水）** と**雨水排水**を合わせて排除する場合を**合流式**といい、汚水と雨水を別々に排除する方式を**分流式**といいます。建物内で使用する用語と、下水道で使用する場合とでは、その意味が異なるため、注意が必要です。

敷地内外における合流式と分流式の違い

方式	敷地内設備	公共下水道
合流式	汚水＋雑排水	汚水＋雑排水＋雨水
分流式	汚水	汚水＋雑排水
	雑排水	雨　水

排水の排除方式には、**重力式排水**と**機械式排水**があります。

放流先の管渠のレベルより高い部分は重力式排水を、低い場合は排水槽へいったん貯留し排水ポンプにて機械式排水により排除します。

その他、用途により直接放流できない有害・有毒な排水で阻集器もしくは処理施設等により処理が必要な系統は単独排水系統とし、処理後一般排水系統と合わせて排除します。

排水系統分けの留意点

排水系統は、排出場所、用途および水質などによって単独系統とすべき区分は以下の通りです。

● **阻集器を設置する系統**
①厨房系統
②駐車場、洗車場、自動車の修理工場等系統
③洗濯室系統
④歯科、外科等のプラスタ使用系統
⑤びん詰め機械装置系統
⑥屠殺および肉仕分け室系統

● **特殊排水系統**
①酸、アルカリ、溶剤等を排水する系統
② RI(radio isotope) を排水する系統
*RI とは、放射性物質を取り扱う機器類のこと。

● **その他**
①大規模な浴室系統
②水飲器、ウォータークーラー等の間接排水系統

建物内からの排水は、下水道法または水質汚濁防止法の適用を受けます。

4-5 排水・通気配管の名称

排水系統の各部位によって名称が異なります

> **Point**
> - 排水系統には、器具排水管、排水横枝管、排水立管、排水横主管、敷地排水管などがあります。
> - 通気系統にも各個通気管、ループ通気管、伸頂通気管、逃し通気管などがあります。

排水管と通気管

　排水管および通気管には、各部位によって管の名称が変わります。

　建物内の排水系統を、木(ツリー)に例えて付けられています。木の幹に当たる配管を**排水立管**、その立管に木の枝のように各階の枝管を**排水横枝管**と呼んでいます。最下階でいくつかの排水立管を接続し、メインとなる排水管を**排水横主管**といいます。

　通気管も排水管同様に、排水立管の頂部となる通気管を**伸頂通気管**、排水立管の最下個所から単独で立ち上がる**通気立管**、端末排水器具1個目から2個目のあいだに取る**ループ通気管**、各器具ごとに取り付ける**各個通気管**、排水横枝管と排水立管の手前で取る**逃し通気管**、排水立管と通気立管をつなぐ**結合通気管**などの名称が付けられています。次ページの図を確認しながら覚えてください。

　なお、各通気管は排水のあふれない上部より外気に開放します。その器具類を**通気口金物**といいます。金物も、**壁埋込型**や**露出型**などの種類もありますので、適材適所で製品を選択してください。

通気金物

防虫網付露出型ベントキャップ

壁埋込型ベントキャップ

通気口ギャラリー

画像提供：伊藤鉄工株式会社

4-5 排水・通気配管の名称

管の名称

排水管と通気管の名称は、使用されている部位によって名称が異なります。立管系統と横枝管系統を図を見ながら覚えてください。

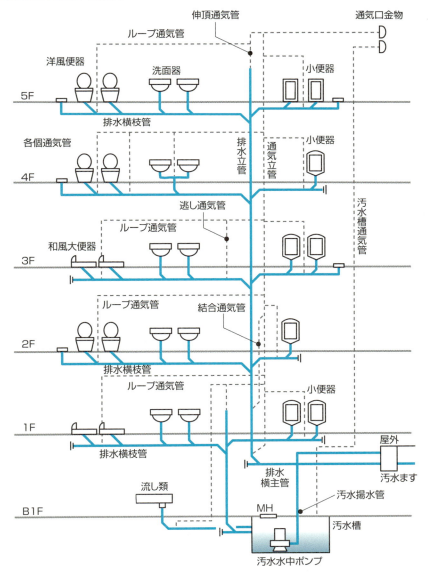

4-6 雨水の排除方式

雨水の排除により浸水を防ぎ、公共用水域の水質保全を図ります

Point
- 雨水の地下への浸透機能が低下した結果、短時間で下水管へ流れ込む都市型の水害が起きています。
- 雨水浸透施設の十分な知識と理解が求められています。

■ 雨水の新しい排除方式

都市型洪水の原因となるため、雨水のピーク流出量を減らす目的で、**雨水流出抑制施設装置**が促進されています。

方法には、**浸透式**と**貯留式**があります。浸透式は、雨水流出の絶対量を減らし、地下水の涵養(かんよう)を図ります。貯留式は、流出量は不変ですが、ピーク流量の平均化を図ります。

■ 構造など

浸透ます、浸透トレンチ、透水性舗装等があり、官公庁の指導のもと設計をします。地質、地下水位等の状況により浸透が見込めない場合もあるため、地域によっては貯留式とするなど注意が必要です。

■ 10分間最大降雨量

1時間最大降雨量とともに**理科年表**に記載されていますが、雨水の浸入を絶対避けたい施設や雨水槽の設計などでは、この数値を使用します。1時間最大降雨量よりも大きな値になります。

■ 排水量の規制

大都市などの下水道で、下水管渠が排水負荷に対して十分な大きさでない場合、または雨水量の一時的な過大な負荷を削減するため、排水量を規制し、貯留槽の設置などを指導する場合があります。

4-7 排水量の算定

排水量の算定は、人員による算定法やその他の資料等により求めます

Point
- 所轄下水道局等の排水量算定基準などに準拠します。
- 算定人員と排水量も算定基準にしたがってください。
- 排水量の算定は、下水道接続取付管の口径や接続個所数の算定に必要です。

人員法

この算定法は、給水人員算定と同様に**排水対象人員**を求める方法です。

対象当たり排水量は所轄下水道局の**排水量算定基準**にしたがいます。使用時間も所轄下水道局の基準にしたがいます。

参考：東京都下水道局の下水量計算資料

● 汚水量の計算

①事務所ビル

排水量(㎥/日)＝延べ床面積(㎡)×60(%)×0.1(人/㎡)×80〜100(L/人・日)

②共同住宅

排水量(㎥/日)＝部屋のタイプ(戸)×使用人員(人/戸)×180〜220(L/人・日)

使用人数(部屋のタイプ)一覧

タイプ	人員	タイプ	人員
1LDK	1.8	3LDK	3.4
2DK・2LK	2.5	4DK・4LDK	3.4
2LDK	2.7	5DK以上	3.7
3DK・3LK	2.8		

③店舗

客排水量$(m^3/日)$＝延べ床面積(m^2)×60(%)×A(人/m^2)×回転率(回)×B(L/人・席)

従業員排水量$(m^3/日)$＝総客数(人)×2～3(%)×100～110(L/人・日)

各種店舗等の算出資料

	飲食店	喫茶・パーラー	物品(販売)	物品(デパート)	集会場
A(人/m^2)	0.3	0.3	0.16	1	0.5
B(L/人・席)	30～40	8～10	3～5	5	30
回転率(回)	4	8	その都度	1	1～3

④ホテル(回転率2回とした場合)

排水量$(m^3/日)$＝延べ床面積(m^2)×60(%)×0.1(人/m^2)×80～100(L/人・日)

ベッド排水量$(m^3/日)$＝ベッド数(床)×使用人員(人/戸)×250(L/人・日)

宴会場排水量$(m^3/日)$＝延べ床面積(m^2)×60(%)×0.7～0.8(人/m^2)×回転率(回)×30～50(L/人・日)

食堂排水量$(m^3/日)$＝延べ床面積(m^2)×60(%)×1.1～1.4(人/m^2)×回転率(回)×30～40(L/人・日)

コーヒーショップ排水量$(m^3/日)$＝延べ床面積(m^2)×60(%)×1.1～1.4(人/m^2)×回転率(回)×3～5(L/人・日)

⑤病院・研究室
病床排水量 (㎥/日) = 病床 (床) × 500(L/床・日)

外来排水量 (㎥/日) = 外来 (人) × 10(L/人・日)

職員排水量 (㎥/日) = 職員 (人) × 100(L/人・日)

⑥学校
生徒排水量 (㎥/日) = 生徒 (人) × 使用量 (L/人・日)

＊小中学校 50(L/人・日)

職員排水量 (㎥/日) = 職員 (人) × 100(L/人・日)

＊高校以上 80(L/人・日)

⑦プール
排水量 (㎥/日) = プールの容量 (㎥) × 5～10(%)

＊シャワー水 40～50(L/人)

⑧その他
上記以外については、別途計算となります。

排水量の算定基準は、所轄の下水道局等に指導要綱があります。相談してください。

4-8 排水流量の算定

排水量から排水流量に換算して下水道本管の取付管口径を確認します

Point
- 流量の単位を㎥/secに換算します。
- 建物用途別に1日排水量から排水流量を求めます。
- 所轄下水道局の指導要綱により使用時間、余裕率を求めてください。

排水流量の算定

　排水量を求め、次に**排水流量を算定**します。流量の単位を㎥/secに換算します。その後、下水本管への取付管口径の算定に必要となるからです。

　排水量の算定と同様に**計算表**を利用すると便利です。なお計算表には雨水量の算定も入っていますが、排水の合流式の場合に必要ですので掲載しました。雨水量算定の詳細は後述いたします。ここでは基礎的なことを述べます。

　雨水量の算定には、雨が敷地内のどこに降るのか緑地・間地などを、その系統に分けて面積を算出します。

　降雨強度公式は、地域によって異なりますので所轄下水道局等で確認してください。その公式より降雨強度を求め、流出係数と排水対象面積を乗じて**雨水流出量**を算定します。

　算出する際は、それぞれの単位表示に気を付けてください。

口径を求めるために、排水流量を算出します。

4-8 排水流量の算定

排水流量の算定式と計算例

■排水流量の算定（建物用途別による）

建物用途	算定計算式	1日排水量 ㎥/d	余裕率	算定排水量 ㎥/d	使用時間	単位換算計算		排水流量 (㎥/sec)
集合住宅	Q＝1日排水量(㎥/d)/給水時間 h×60×60	46.20			10	60	60	0.001283
合計（Q1）								0.001283

*1日排水量の単位に注意。
*計算数値は参考です。

■雨水量の算定

①計算与条件
敷地種別ごとの面積を算出する。

敷地面積	527㎡
建築面積	321㎡
緑地面積	26㎡
砂利地面積	30㎡

間地面積	60㎡
浸透舗装面積	80㎡
不透面面積	10㎡
その他面積	0㎡

②雨水量の算定

系統	降雨強度公式	流出係数 C	排水対象面積 ha=10,000㎡	雨水流出量 (㎥/sec)
建築面積		0.9	0.0321	0.00891661
不透面面積		0.9	0.001	0.000277776
浸透面積	Q＝1/360×5000/40+t	0.5	0.008	0.00123456
緑地面積		0.2	0.0026	0.000160493
砂利地面積		0.3	0.003	0.000277776
間地面積		0.3	0.006	0.000555552
小計			0.0527	0.011422766
計			余裕率＝1.2	0.01370732

*t＝7分とする。
*計算数値は参考です。

■下水本管等への取付管口径の算定

排水種別	算定流量（㎥/sec）
排水流量（Q1）	0.001283
雨水流量（Q2）	0.01370732
合計	0.01499032
取付管の仮定口径	150
取付管の勾配	1/100
仮定口径の流量	0.0199
流量対比判定	○
取付管口径の決定	150mm
必要箇所数	1箇所

【参考資料】

●クッタ-公式による下水管流量表（㎥/sec） 粗度係数 n=0.013

千分率勾配	20.0	10.0	8.0
管径(mm)	1/50	1/100	1/125
150	0.019	0.0134	0.012
200	0.0424	0.03	0.0268
250	0.0789	0.0557	0.0498

●取付管の流下能力確認（東京都の場合）

管の口径 (mm)	管勾配 (‰)	許容排水流下能力（㎥/sec）	
		陶管	塩ビ管
		(既設汚水桝を使用する場合)	(公設汚水桝を新設する場合)
150	10	0.0153	0.0199
200	10	0.0328	0.0426
250	10	0.0595	0.0752

第4章　排水通気設備

4-9 排水管径の決定

排水管径を求めるには器具排水負荷単位法と定常流量法があります

> **Point**
> ●器具排水負荷単位法は、米国のNPC(National Plumbing Code)の方法です。
> ●定常流量法は、SHASE-S 206-2000(空気調和・衛生工学会)による方法です。
> ●排水管径の求め方は、排水管の部位によって異なりますので注意してください。

排水管径の決定の基本原則

基本的には、器具よりの**排水負荷流量**を考慮して決定しますが、次の事項を守るべき基本原則としています。

① **最小管径**

器具排水管の最小管径は30mmとします。

② **排水横枝管の管径**

排水横枝管の管径は、これに接続する器具の最大口径以上のものとします。

③ **排水立管の管径**

排水立管の管径は、それに接続する排水横枝管の最大管径以上のものとします。上部を細く、下部を太くするような**たけのこ配管**をしてはいけません。

④ **管径の縮小**

排水管は、立管、横走り管のいずれの場合でも、排水の流下方向の管径を縮小してはいけません。

⑤ **地中埋設管**

地中または地階の床下に埋設される排水管の管径は、50mm以上が望まれます。

⑥ **排水ポンプの吐出水**

排水横主管には合流させず、単独に屋外排水ますまでそのまま出した方がよいです。ただし、屋外排水ますも最終放流ますとする方がよりよい策です。

⑦ **厨房の排水管等**

時間の経過にともない管内にグリース等が固着して管断面を縮小させますので、算出した管径より少なくとも1サイズ太いものを選定します。集合住宅等の台所流しの排水系統も同様な理由から管径をサイズアップします。

器具排水負荷単位による方法

　器具排水負荷単位とは、器具の最大排水時の流量を、標準器具(洗面器)の最大排水時における流量で割ったものを器具単位とし、これを器具の**同時使用率**などを考慮して相対的な単位で表したものです。

器具排水負荷単位法による管径決定

　器具排水負荷単位法による管径決定の手順は以下の通りです。

①器具ごとに、器具排水負荷単位を求める(表1〜表3参照)。
②各区間の器具排水負荷単位数を累計する
③排水横枝管および排水立管の管径を表5より選定する。
④排水横主管、敷地排水管の管径は、表6から選定する。その際の配管勾配は、表4より適切な数値を選定する。
⑤ポンプから吐出された排水を排水横主管に接続する場合は、表1〜表3から器具排水負荷単位に換算して管径を決める。
⑥選定した管径が、前項の「排水管径決定の基本原則」に示されている最小口径に適合しているか確認する。
⑦もし、不適合の場合は、配管サイズをアップするなどの修正作業を行い、すべての条件を適合させてください。

4-9 排水管径の決定

器具排水負荷単位法による管径決定（表1）

(NPC ASA A40.8-1955)

器具種類		器具排水負荷単位	付属トラップ口径(mm)	器具排水管の最小口径(mm)
大便器	洗浄タンクによる場合	4	75	75
	洗浄弁による場合	8	75	75
小便器	壁掛け形（JIS U 220型）	4	40	40
	ストール形・壁掛けストール形	4	50	50
	ストール小便器（トラップ付）・サイホンジェット	8	50	50
公衆用水洗便所	トラフ形・連立式長さ0.6mごとに	2	50	50
洗面・手洗器		1	30	30
手洗器（小形）	便所の手洗専用でオーバーフローのないもの	0.5	25	30
歯科用洗面器		1	30	30
理髪・美容用洗面器		2	40	40
水飲器		0.5	30	30
たん吐器		0.5	25	30
浴槽	住宅用洋風・和風を問わない。	2	40	40
	浴槽上に設置のシャワーは排水単位に無関係。	3	50	50
	公衆用・共用	4〜6	50〜75	50〜75
囲いシャワー	住宅用	2	50	50
シャワー（連立）	シャワーヘッド1個当たり	3	50	50
ビデ		3	30	40
掃除用流しまたは雑用流し		2.5	65	65
		3	75	75
洗濯用流し		2	40	40
連合流し		3	50	50
	ディスポーザ付	4	40	50
汚物流し		8	75〜100	75〜100
医療用流し	大形	2	40	40
	小形	1.5	30	40
歯科ユニット		0.5	30	30
化学用実験流し		1.5	40	40
流し	台所用・住宅用	2	40	40
		4	50	50
	ディスポーザ付・住宅用	3	40	40
	ホテル・公衆用・営業用	4	50	50
	ソーダファンテンまたはバー用	1.5	40	40
	パントリー用・皿洗い用	2	40	40
		4	50	50
	野菜洗い用	4	50	50
	湯沸かし場用	3	50	50
皿洗い機	住宅用	2	40	40
洗面流し場	並列式 1人分につき	0.5	30	40
床排水		0.5	40	40
		1	50	50
		2	75	75
1組の浴室器具	（大便器+洗面器+浴槽または囲いシャワー）			
	大便器の洗浄がロータンクによる場合	6	75〜100	75〜100
	大便器の洗浄が洗浄弁による場合	8	75〜100	75〜100
排水ポンプ	エゼクタ吐出量3.8L/minごとに	2	40	40

4-9 排水管径の決定

■器具排水付加単位（共同住宅・住宅）（表2）　（住都公団仕様）

機器種類	器具排水負荷単位	付属トラップ口径(mm)	器具排水管の最小口径(mm)
便器（洗浄タンク）	4	75	75
床排水トラップ（浴室用）	4	50	50
流し排水トラップ（台所用）	4	40	50
洗面器	1	32	40
洗濯機用トラップ	4	50	50
便器＋洗面器	4	−	75
便器 ＋床排水トラップ（浴室用）	6	−	100
便器 ＋洗濯機用トラップ	6	−	100
便器＋床排水トラップ（浴室用）＋洗面器	6	−	100
便器＋床排水トラップ（浴室用）＋洗濯機用トラップ	8	−	100
便器＋床排水トラップ（浴室用）＋洗濯機用トラップ＋洗面器	8	−	100
洗濯機用トラップ ＋洗面器	4	−	50
洗濯機用トラップ ＋流し排水トラップ（台所用）	6	−	65
洗濯機用トラップ ＋床排水トラップ（浴室用）	6	−	65
洗濯機用トラップ ＋床排水トラップ（浴室用）＋洗面器	6	−	65
床排水トラップ（浴室用）＋洗面器	4	−	50
流し排水トラップ（台所用）＋洗面器	4	−	50
流し排水トラップ（台所用）＋床排水トラップ（浴室用）	6	−	65
流し排水トラップ（台所用）＋床排水トラップ（浴室用）＋洗面器	6	−	65
流し排水トラップ（台所用）＋床排水トラップ（浴室用）＋洗濯機用トラップ	8	−	65
流し排水トラップ（台所用）＋床排水トラップ（浴室用）＋洗濯機用トラップ＋洗面器	8	−	65

■器具排水負荷単位（標準衛生器具以外）（表3）　（NPC ASA A40.8−1955）

機器種類	器具排水負荷単位	付属トラップ口径(mm)	器具排水管の最小口径(mm)
器具排水管またトラップの口径	1	30以下	30
	2	40	40
	3	50	50
	4	65	65
	5	75	75
	6	100	100

■排水管の標準勾配・最小勾配（表4）　（HASS 206−1982）

管径(mm)	勾配	
	屋内排水管	屋外排水管
75 以下	最小1/50	最小1/50
100	最小1/100	最小1/100
125	最小1/100	最小1/125
150	最小1/100	最小1/150
200以上	最小流速0.6m/sec以内	最小流速0.6m/sec以内

第4章 排水通気設備

4-9 排水管径の決定

■排水横枝管および立て管の許容最大排水単位（表5） (NPC ASA A40.8−1955)

管径(mm)	器具排水負荷単位の合計		高さ3階を超える排水立管	
	排水横枝管	高さ3階までの排水立管	器具排水負荷単位の合計	1階分の排水単位の合計
30	1	2	2	1
40	3	4	8	2
50	6	10	24	6
65	12	20	42	9
75	20[*1]	30[*2]	60[*2]	16[*1]
100	160	240	500	90
125	360	540	1100	200
150	620	960	1900	350
200	1400	2200	3600	600

*1 大便器は2個まで。
*2 大便器は6個まで。

■排水横主管・敷地排水管の許容最大排水単位（表6） (NPC ASA A40.8−1955)

管径(mm)	許容最大排水単位 配管勾配							
	1/200		1/100		1/50		1/25	
	実用	NPC	実用	NPC	実用	NPC	実用	NPC
50					21	21	26	26
65					22	24	28	31
75			18	20**	23	27**	29	36**
100			104	180	130	216	150	250
125			234	390	288	480	345	575
150			420	700	504	840	600	1000
200	840	1400	960	1600	1152	1920	1380	2300
250	1500	2500	1740	2900	2100	3500	2520	4200
300	2340	3900	2760	4600	3360	5600	4020	6700
375	3500	7000	4150	8300	5000	10000	6000	12000

* ▶▶印は大便器2個まで。
*実用排水単位数は器具数が大体建物居住者20～30人に対し1個の割合で、通気管はループ通気管法の場合に適用する。
*NPCの排水単位数は器具数が大体建物居住者10～15人に対し1個の割合で、通気管は各個通気管法の場合に適用する。

4-9 排水管径の決定

■下水管流量表（㎥/sec）（表7）　　管種:HP【クッター公式による】　粗度係数 n=0.013

千分率勾配 管径(㎜)	20 1/50	10 1/100	8 1/125	6 1/167	5 1/200	4 1/250	3 1/333
75	0.00268	0.00189	0.00169	0.00146	0.00134	0.00119	0.00103
100	0.00606	0.00428	0.00382	0.00331	0.00302	0.00269	0.00233
125	0.01137	0.00803	0.00718	0.00621	0.00566	0.00506	0.00437
150	0.019	0.0134	0.012	0.0104	0.0095	0.0085	0.0073
200	0.0424	0.03	0.0268	0.0232	0.0211	0.0184	0.0163
250	0.0789	0.0557	0.0498	0.0431	0.0393	0.0352	0.0304
300	0.1307	0.0923	0.0825	0.0714	0.0651	0.0582	0.0503
350	0.1998	0.1412	0.1262	0.1092	0.0996	0.089	0.077
400	0.2859	0.2037	0.1822	0.1577	0.1438	0.1285	0.1115
450	0.398	0.281	0.252	0.218	0.199	0.178	0.154
500	0.531	0.375	0.336	0.29	0.265	0.237	0.205
600	0.873	0.617	0.551	0.477	0.435	0.389	0.337

■下水管流量表（㎥/sec）（表8）　　管種:VP【クッター公式による】　粗度係数 n=0.010

千分率勾配 管径(㎜)	20 1/50	10 1/100	8 1/125	6 1/167	5 1/200	4 1/250	3 1/333
75	0.0039	0.0028	0.0025	0.0021	0.002		
100	0.0088	0.0062	0.0055	0.0043	0.0044		
125	0.0164	0.0116	0.0104	0.009	0.0082		
150	0.0272	0.0192	0.0172	0.0148	0.0135		
200	0.0602	0.0425	0.038	0.0329	0.03		
250	0.1111	0.0785	0.0701	0.0607	0.0554		

第4章　排水通気設備

4-10 排水管径の決定(定常流量法)

適応可能な排水システム(排水立管と排水横主管)の管径を求めます

> **Point**
> ●ラッシュ時間帯における排水量の平均水量(定常流量)をもとに、器具の排水流量に応じて負荷流量(消費する量)を求め、その負荷流量が許容流量以内となっている管径を求める方法です。

定常流量法とは

排水管に実際に流れると予想される流量(**負荷流量 QL**)を求めて、それよりも大きい許容流量を有する管径の管を選定します。

排水管径の決定手順

排水管径の決定手順は以下の通りです。

① **器具排水量:w**
下表より各器具の w を決めます。
② **器具平均排水間隔:To**
下表より各器具の To を決める。

住宅排水器具の負荷算定の標準値

器具名	器具特性		使用頻度	1器具当たり定常流量 $q=(w/To)$ (L/s)	排水率 β
	器具排水量w (L)	器具平均排水流量 qd(L/s)	器具平均排水間隔 To(sec)		
便器	9	1.5	700	0.013	1.0
洗面器	6	0.75	700	0.009	1.0
台所流し	6	0.75	200	0.03	1.0
浴槽	180	1.0	3600	0.05	0.3
洗濯機	120	0.75	3600	0.033	0.5

4-10 排水管径の決定 (定常流量法)

③**器具定常流量 :q**

器具 1 個当たりの q=w/To を計算します。

④**管定常流量 :Q**

計算部位における器具の種類と設置個数から管定常流量 Q を計算します。

⑤**代表器具の器具平均排水流量を選択 qd**

下表から各器具の qd を求め、その系を代表する qd を選択します。

⑥**負荷流量 QL/ 排水管径 D**

排水管選定線図により、qd をパラメーターとして Q から QL を求め、負荷流量 QL ＜ 許容流量 QP となる管径 D を選定します。

排水管の許容流量

単管式排水システムの場合は通気立管が省略されていますので、排水立管は通気立管としての役目も同時に果たします。したがって、**通気のための断面確保**が重要です。そのために管サイズごとに許容流量を設定し、負荷流量が許容流量を超えない範囲の配管径の選定にしなければなりません。

住宅排水器具の負荷算定の標準値が、排水システムメーカーにより異なる場合もありますので採用の際には必ずメーカーに問い合わせてください。

定常流量法は主に集合住宅に用いられる排水負荷計算法です。

4-10 排水管径の決定（定常流量法）

排水管の許容流量

■排水立て管（ブランチ間隔数NB≧3）

SHASE-206_2009

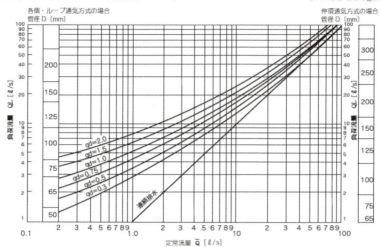

■排水横主管

SHASE-206_2009

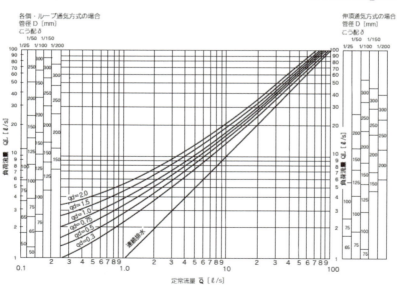

4-10 排水管径の決定(定常流量法)

■排水管の許容流量

排水管に実際流れると予想される流量(**負荷流量 QL**)を求めて、それよりも大きい許容流量 QP を有する排水システムを選定します。

排水管の許容流量

■排水管の許容流量Qp(各個またはループ通気方式の場合)　HASS 206-1982　(L／sec)

排水管径 (mm)	横枝管・横主管									立管* Qp
	δ=1/25		δ=1/50		δ=1/100		δ=1/150		δ=1/200	
	Qp	v	Qp	v	Qp	v	Qp	v	Qp	v	
30	0.45	0.64									0.36
40	0.97	0.77	0.69	0.55							0.78
50	1.76	0.9	1.25	0.63							1.41
65	3.5	1.1	2.5	0.76							2.8
75	5.2	1.18	3.7	0.83	2.62	0.59					4.2
100	11.2	1.43	7.9	1	5.6	0.71					9
125			14.3	1.17	10.1	0.83	8.3	0.68			16.3
150			23.3	1.32	16.5	0.93	13.5	0.76	11.7	0.66	26.5
200					35.5	1.13	29	0.92	25.1	0.8	57.1
250					64.4	1.31	52.6	1.1	45.6	0.93	104
300					105	1.48	85.5	1.21	74.1	1	169

*立管の許容流量は、主として器具排水負荷を前提とする。

■排水管の許容流量Qp(伸頂通気方式の場合)　HASS 206-1982　(L／sec)

排水管径 (mm)	横枝管・横主管									立管* Qp
	δ=1/25		δ=1/50		δ=1/100		δ=1/150		δ=1/200	
	Qp	v	Qp	v	Qp	v	Qp	v	Qp	v	
30	0.23	0.64									0.16
40	0.49	0.77	0.35	0.55							0.34
50	0.88	0.9	0.63	0.63							1.41
65	1.8	1.1	1.25	0.76							1.2
75	2.6	1.18	1.85	0.83	1.31	0.59					1.8
100	5.6	1.43	3.95	1	2.8	0.71					3.9
125			7.15	1.17	5.1	0.83	4.2	0.68			7
150			11.7	1.32	8.3	0.93	6.8	0.76	5.9	0.66	11.4
200					17.8	1.13	14.5	0.92	12.6	0.8	24.6
250					32.2	1.31	26.3	1.1	22.8	0.93	44.6
300					53	1.48	42.8	1.21	37.1	1	72.6

*立管の許容流量は、主として器具排水負荷を前提とする。

横枝管平均排水流量 qd' の計算方法

　空気調和・衛生工学会の**給排水衛生設備規準・同解説 SHASE-S206** では、横枝管平均排水流量 qd は、排水立管管径の定常流量と器具平均排水流量 qd によって求めます。

　本来、排水立管の管径は、排水横枝管を流下することによる流量変化を考慮し、排水立管に実際に流入する排水流量により決定すべきです。そこで、SI 住宅の排水横枝管のように、配管長が長い場合に対応するため、qd の代わりに、下記の式①で定義される横枝管平均排水流量 qd' を用いて管径を決定します。

① *qd'= α × qd*

　なお、qd や qd' は排水器具や配管の条件により異なるものであり、qd に代えて qd' を用いる場合や、SHASE-S206 で定める以外の qd を用いる場合は、実験などにより検証された値を用いなければなりません。

　実験で使用した排水器具・配管および条件
・大便器 (T 社製)
　床下排水型　節水型 (9L)、qd=1.1(L/s)、qmax=1.3(L/s)
・流し (S 社製)
　シンク寸法 :810 × 410 × 210(深さ)、排水 : ため流し
・排水横枝管
　配管材 : 硬質塩化ビニル管 (汚水排水 75A、台所排水 50A) および DV 継手
勾配 :1/100

4-10 排水管径の決定（定常流量法）

横枝管平均排水流量 qd' の算定式

■計算式

$qd' = \alpha \times qd$

ここに、qd':横枝管平均排水流量（L/s）、α:修正率（≦1.0）、
qd:器具平均排水排水流量（L/s）

器具名	qd
便器	1.5
洗面器	0.75
台所流し	0.75
浴槽	1.0
洗濯機	0.75

管径	継手	相当
50	45L	0.2
75	DL	0.4
	LL	0.1

■横枝管の長さLtと修正率α

	横枝管の長さLt(m)				
	0～2	>2～3	>3～7	>7～10	>10～
便器	1		1.14～0.07Lt		0.44
台所	1		1.36-0.12Lt		0.52

*Lt(m)＝横枝管直管長L(m)＋継手の直管相当長L'(m)。
*継手（曲り）の直管相当長L'(m)は、下表に示します。

■継手の直管相当長L'(m)

管径	75A			50A		
継手（曲り）	45L	DL	LL	45L	DL	LL
直管相当長(m)	0.3	0.5	0.2	0.2	0.4	0.1

4-11 通気管径の決定

通気管径の決定の基本原則

> **Point**
> - 器具排水負荷単位数から、通気管の最長距離により求めます。
> - 各部位ごとの通気管種別に、算定表が違いますので注意してください。
> - 各通気方式の特徴を熟知して適切な通気管と管径を決定してください。

通気管径の決定の基本原則

　通気管径の算出方法も、排水管の場合と同様ですが、その際に以下のような基本原則がありますので注意してください。

基本原則①
　通気管の最小管径は 30㎜ とする。

基本原則②
　伸頂通気管の管径は排水立管の管径より小さくしてはならない。

基本原則③
　ループ通気管の管径は、排水横枝管と通気立管とのうち、いずれか小さい方の管径の 1/2 より小さくしてはならない。

基本原則④
　排水横枝管の逃し通気管の管径は、それを接続する排水横枝管の管径の 1/2 より小さくしてはならない。

基本原則⑤
　各個通気管の管径は、それが接続される排水管の管径の 1/2 より小さくしてはならない。

基本原則⑥
　湿り通気管に流しうる負荷流量は、その湿り通気管を排水管とみなした場合の 1/2 とする。

基本原則⑦
　返し通気管の管径は原則⑤と同様です。この場合の排水管径は、後述の管径計算で求めた管径より 1 サイズ以上太い管径とする。

基本原則⑧

排水立管のオフセットの逃し通気管の管径は、通気立管と排水立管のうち、いずれか小さい方の管径以上とする。

基本原則⑨

結合通気管の管径は、通気立管と排水立管のうち、いずれか小さい方の管径以上とする。

基本原則⑩

建物の排水槽に設ける通気管の管径は50㎜以上とする。

器具排水負荷単位法による管径決定

器具排水負荷単位を求め、排水管の管径を決定します。次に通気管の長さを求めます。各部位別算定表より管径を決定します。手順は以下の通りです。

①各区間の器具排水負荷単位数の累計を求める。
②各区間の直管長を求める。
③器具排水負荷単位数と直管長、および汚水または雑排水管の管径から表1を用いて管径を選定する。
④ループ通気管の管径は、排水横枝管の受け持つ単位数と通気管の長さにより、表2を用いて選定する。排水横枝管に枝分かれがある場合は、それぞれの排水横枝管ごとの単位数と通気管の長さから求め、分岐横枝管の合流点より下流側の部分は、最も長い経路の通気管の長さを採用する。
⑤通気立管は、通気立管に接続している排水管の単位数と、排水立管に接続している通気始点から伸頂通気管の接続点までの通気立管の長さにより、表1を用いて選定する。通気立管を伸頂通気管に接続せずに、単独に大気に開口する場合、通気立管の長さは、通気始点から大気開口部までとする。
⑥通気ヘッダは、通気ヘッダに接続する通気立管のすべての単位数の合計と、通気管の大気開口部から最も遠い位置にある通気立管の始点までの長さとから表1より選定する。

4-11 通気管径の決定

器具排水負荷単位法による管径決定

■通気管の口径と長さ（表1）　　（建築設備設計基準・同要領　平成14年版）

汚水または雑排水管の口径(mm)	排水単位	通気管の口径(mm)								
		30	40	50	65	75	100	125	150	200
		通気管の最長距離(m)								
32	2	9								
40	8	15	45							
	10	9	30							
50	12	9	22.5	60						
	20	7.8	15	45						
65	42	—	9	30	90					
75	10	—	9	30	60	180				
	30	—	—	18	60	150				
	60	—	—	15	24	120				
100	100	—	—	10.5	30	78	300			
	200	—	—	9	27	75	270			
	500	—	—	6	21	54	210			
125	200	—	—	—	10.5	24	105	300		
	500	—	—	—	9	21	90	270		
	1100	—	—	—	6	15	60	210		
150	350	—	—	—	7.5	15	60	120	390	
	620	—	—	—	4.5	9	37.5	90	330	
	960	—	—	—	—	72	30	75	300	
	1900	—	—	—	—	6	21	60	210	
200	600	—	—	—	—	—	15	45	150	390
	1400	—	—	—	—	—	12	30	120	360
	2200	—	—	—	—	—	9	24	105	330
	3600	—	—	—	—	—	7.5	18	75	240
250	1000	—	—	—	—	—	—	22.5	37.5	300
	2500	—	—	—	—	—	—	15	30	150
	3800	—	—	—	—	—	—	9	24	105
250	5600	—	—	—	—	—	—	7.5	18	75

■ループ通気横枝管の管径（表2）　（建築設備設計基準・同要領　平成14年版）

行数	汚水または雑排水管の口径(mm)	排水単位（この表の数値以下のこと）	ループ通気管の口径(mm)					
			40	50	65	75	100	125
			排水単位（この表の数値以下のこと）					
1	40	10	6					
2	50	12	4.5	12				
3		20	3	9				
4	75	10	—	6	12	30		
5		30			12	30		
6		60			48	24		
7	100	100		2.1	6	15.6	60	
8		200		1.8	5.4	15	54	
9		500			4.2	10.8	42	
10	125	200			—	4.8	21	60
11		1100				3	12	42

158

4-11 通気管径の決定

■通気管設計用局部抵抗相当長（m）（表3）　　（HASS　206-2000）

局部名称＼管径(mm)	32	40	50	65	75	100	125	150
90°エルボ	1.2	1.5	2.1	2.4	3	4.2	5.1	6
45°エルボ	0.72	0.9	1.2	1.5	1.8	2.4	3	3.6
90°t継手（分流）	1.8	2.1	3	3.6	4.5	6.3	7.5	9
90°t継手（直流）	0.36	0.45	0.6	0.75	0.9	1.2	1.5	1.8
135°t継手（分流）	5.1	6.1	8.4	11.7	14.6	20.2	27.3	33
45°t継手（合流）	0.4	0.5	0.7	0.9	1.2	1.6	2.2	2.6

■通気管の必要通気管および許容圧力差（表4）　　（HASS　206-2000）

種別	必要通気量(L/ec)	許容圧力差(pa)
各個通気管またはループ通気管	排水横枝管の負荷流量と同量	100
通気立管	排水横主管の負荷流量の2倍	250
伸頂通気管または通気横主管	排水横枝管の負荷流量の2倍	250
排水タンク	排水横枝管の負荷流量の3倍またはポンプ排出量のいずれか大きい方を採用する。	250

■各種通気方式の特徴（表5）

項目	単管式排水システム	二管式排水システム ループ通気方式	二管式排水システム 各個通気方式
許容流量	小	大	大
100mm立管の許容流量*	4.6(3.9)L/s	9.0(6.7)L/s	9.0(6.7)L/s
75mm立管の許容流量*	2.1(1.8)L/s	4.2(3.1)L/s	4.2(3.1)L/s
自己サイホン作用の防止	×	×	○
設置階数の制限	30m以下とする	特にない	特にない
設置コスト	小	中	大
施工の難易	易	中	難
主な用途	集合住宅（同一階の接続器具数は少ない）	用途に制限はない	用途に制限はない
その他	主にヨーロッパで普及	日本で普及	アメリカで普及

*HASS 206による。主として器具排水を受ける場合で、（　）内は連続排水を受ける場合です。

第4章　排水通気設備

4-12 雨水管径の決定

雨水管の口径および勾配は排水面積より求めます

Point
- 雨水立管は受け持ち屋根面積（水平投影面積）から求めます。
- 各地の雨量は所轄の下水道局と協議のうえ、決定してください。
- 雨水横走管の口径は配管勾配を決定し屋根面積から求めます。

■ 雨水管径の算定方法

雨水立管は受け持ち屋根面積から管径を決定します。**雨水横走管**は配管勾配を決定し、屋根面積から管径を決定します。ドライエリア等、外壁面に雨の吹き付けが考えられる場合は、屋根面積またはドライエリア面積に(*雨の吹き付けが考えられる面積× 1/2*)を加算します。算定の手順は以下の通りです。

①**雨水管径の算定**

雨水流量を一定の雨量を有する屋根面積に換算して行います。屋根面積は、すべて水平に投影した面積とします。

②**管径の決定**

雨量 100㎜/h の許容屋根面積を基礎としています。これ以外の場合は、次式により屋根面積 A を求めます。

$$A(㎡) = 受持ち屋根面積(㎡) \times \frac{当該地域の最大雨量(㎜/h)}{100(㎜/h)}$$

③各地の最大雨量を、所轄下水道局等で確認します。
④壁面を流下する雨水は、壁面面積の 50％ を下部のエリア面積に加算する。
⑤地方公共団体の下水道条例が適用される場合は、その条例にしたがう。

雨水管径の算定手順

雨水管径の算定の手順は以下の通りです。

①**ルーフドレン口径と雨水立管管径を求める。**
　屋根面積を区画し、区画した排水面積を許容屋根面積として、表1からルーフドレン口径と雨水立管管径を求める。
　立管にいたる横引きが長い場合は、表2により管径を求め、これを立管口径とする。
②**半円形樋・溝の内径を表3から求める。**
③**雨水横主管・敷地雨水排水管の管径を表2から求める。**
④**合流式の排水主管・敷地内排水管の管径は、4-13の「合流式の雨水管・排水管の口径算定法」に示す方法により算定する。**

雨水管径の決定

■雨水立管の管径（表1） HASS 206—2000

管径(mm)	許容最大屋根面積(㎡)
50	67
65	135
75	197
100	425
125	770
150	1250
200	2700

*屋根面積は、すべて水平に投影した面積とする。
*許容最大屋根面積は、雨量100mm/hを基礎として算出したものである。したがって、これ以外の雨量に対しては、表の数値に「100/当該地域の最大雨量」を乗じて算出する。
*正方形または長方形の雨水立管は、それに接続される流入管の断面積以上をとる。

■雨水横走管の管径（表2） (HASS 206—2000)

管径(mm)	許容最大屋根面積(㎡) 配管勾配								
	1/25	1/50	1/75	1/100	1/125	1/150	1/200	1/300	1/400
65	137	97	79	—	—	—	—	—	—
75	201	141	116	100	—	—	—	—	—
100	—	306	250	216	193	176	—	—	—
125	—	554	454	392	351	320	278	—	—
150	—	904	738	637	572	552	450	—	—
200	—	—	1590	1380	1230	1120	972	792	688
250	—	—	—	2490	2230	2030	1760	1440	1250
300	—	—	—	—	3640	3310	2870	2340	2030
350	—	—	—	—	—	5000	4320	3530	3060
400	—	—	—	—	—	—	6160	5040	4360

*屋根面積は、すべて水平に投影した面積とする（屋根以外の排水面積も同じ）。
*許容最大屋根面積は、雨量100mm/hを基礎として算出したものである。したがって、これ以外の雨量に対しては、表の数値に「100/当該地域の最大雨量」を乗じて算出する。なお、流速が0.6m/sec未満または1.5m/secを超えるものは好ましくないので除外してある。
*都市の下水道条例が適用される地域においては、その条例の基準に適合させなければならない。

■半円形樋・溝の内径（表3） (空気調和・衛生工学便覧13版)

内径(mm)	流水断面積(cm²)	許容最大屋根面積(㎡) 樋・溝の勾配							
		1/25	1/50	1/75	1/100	1/125	1/250	1/200	1/300	1/400
65	12.4	43	30							
75	16.6	62	44							
100	29.3	135	96	78						
125	45.8	245	174	141	123	110				
150	66.0	400	282	230	200	178	163			
200	117.4	862	609	497	431	385	352	304		
250	183.4	1560	1105	902	781	698	638	552	451	
300	264.0	2545	1798	1462	1267	1137	1037	899	733	635
350	359.4	3835	2708	2210	1917	1711	1560	1354	1105	958
400	469.4	5470	3867	3163	2740	2448	2231	1939	1581	1365

*屋根面積はすべて水平に投影した面積とする。許容最大屋根面積は、雨量100mm/hを基礎として算出したものである。
*流量1L/minごとに雨量100mm/hにおいて0.6㎡の屋根面積とした。

4-13 合流式の雨水管・排水管の口径算定法

器具負荷単位法による算出

> **Point**
> - 屋根面積より器具負荷単位を換算します。
> - 基準は、最大雨量100㎜/hです。地域により換算式が異なります。
> - 排水ポンプ等の連続排水の換算も適切に対応してください。

器具単位法

器具単位法による算定の手順は以下の通りです。

① 屋根面積が93㎡までの場合

相当する器具排水単位の負荷は256とする。

② 屋根面積が93㎡を超える場合

超えた分について0.36㎡ごとに1器具排水単位とする。

③ 最大雨量100㎜/h以外の場合

93㎡は、

$$\frac{(その地域の最大雨量)}{(93 \times 100)} \quad また0.36㎡は、\frac{(その地域の最大雨量)}{(0.36 \times 100)}$$

により100㎜/hの地域に換算し求める。

連続排水は、器具単位法では、水量3.8L/minごとに最大雨量100㎜/hにおいて、2.23㎡の屋根面積とします。

4-14 雨水量算定式

雨水量算定式は、各地方自治体で算定式が決められています

Point
- 降雨強度は近年の降雨状況により変化するので資料を入手する必要があります。
- 工種別流出係数の確認も忘れずに行います。
- 流達時間も適切な数値を採用しましょう。

主要都市別雨水量算定式

敷地内の雨水量は、**下水道の管渠決定法**に準じて決定します。算定式は、**合理式**と**実験式**とがあり、地方自治体で公式などが決められている場合は、その規定にしたがいます。

降雨強度とは

降雨強度とは、瞬間的な降雨の強さのことで、現在降っている雨がこのままの強度で1時間降り続いた場合に相当する雨量で表します。

例えば、15分間に10mmの降雨があった場合の降雨強度は以下のようになります。

$$10\text{mm} \times 60/15 = \frac{40\text{mm}}{\text{hr}}$$

気象庁では、時間雨量によって次のように分類しています。

弱い雨	3mm未満
やや強い雨	10mm以上 20mm未満
強い雨	20mm以上 30mm未満
激しい雨	30mm以上 50mm未満
非常に激しい雨	50mm以上 80mm未満
猛烈な雨	80mm以上

4-15 雨水量の算定手順

雨水量を算定しましょう

Point
- 計画雨水量は、合理式または実験式により求めます
- 降雨量強度とは、1時間当たりの降雨量を降雨強度(㎜/h)といいます。
- ゲリラ豪雨にも対処できるように設計しましょう。

雨水量の算定手順

雨水量の算定手順は次の通りです。

① 敷地内の種別ごとに、その面積を求める。面積の単位は ha(ヘクタール)。
② 敷地内の種別ごとに、表1から流出係数を求める。
③ 該当する雨水量算定式(降雨強度公式)に面積と流出係数などを挿入し、計算をして計画雨水量を求める。
④ 上記③で求めた計画雨水量で、P.149 下水管流量表(表7、8)より管径を選定する。

雨水量の算定資料

■流出係数表(表1)　　　　　　　　　　　　　（下水道排水設備指針と解説　1987年版）

工種別	流出係数	標準
屋根	0.85～0.95	0.9
道路(舗装等を含む)	0.8～0.9	0.85
その他の不透面	0.75～0.85	0.85
水面	1	1
間地または緑地	0.1～0.3	0.2
芝、樹木の多い公園	0.05～0.25	0.2
勾配の緩い山地	0.2～0.4	0.3
勾配の急な山地	0.4～0.6	0.5
浸透舗装　他等	0.55～0.75	0.65

■下水管流量表(表2)　　　　　　　　　　　　（下水道排水設備指針と解説　1987年版）

敷地内に間地が非常に少ない商業地域および類似の住宅地域	0.8
浸透面の野外作業場などの間地を若干もつ工業地域および庭が若干ある住宅地域	0.65
住宅公団地域などの中層住宅団地および一戸建住宅の多い地域	0.5
庭園を多く持つ高級住宅地域および畑地などが比較的多く残っている郊外地域	0.35

4-15 雨水量の算定手順

■ 流達時間

流達時間は、流入時間と流下時間の和のことです。流入時間は、排水区域の距離、地表面の勾配など雨水管渠の基点に達するまでの時間をいい、人口密度の大きい地区では 5 分、人口密度の小さい地区では 10 分程度です。

流下時間は、雨水管渠(かんきょ)の距離を管渠の仮定の平均流速で割った値であり、平均流速は 0.8～3m/sec の範囲です。通常は 1m/sec としています。

■ 流出係数

主に、下水道などに入る雨水量を算定するために、屋根、舗装、緑地などで降った場所の地下浸透量を差し引いた正味の雨水流出量の降雨量に対する割合を、**流出係数**といいます。

■ 雨水流出量の算定式(合理式)について

$$Q(㎥/s) = \frac{1}{360} \times C(流出係数) \times I(降雨強度(㎜/h)) \times A(排水区域の面積(ha))$$

C: 無次元、I:㎜/h(1/1000m/h)、A:ha(10,000㎡)

＊降雨強度は限定地域なら地方自治体の Web サイトで公表されています。

なぜ 1/360 なのでしょうか。単位の計算チェックをしてみましょう。
∴㎥/s になるのに、1/(3600 × 1000 ÷ 10,000)=1/360 となります。

4-16 排水設備の機器容量の決定

排水設備の機器容量の求め方

Point
- 排水槽の容量と排水ポンプの算定には余裕を含めて求めます。
- グリーストラップ、オイルトラップ等の容量算定は使用状況を見極めましょう。
- 排水ポンプの選定はメンテナンスを考慮して決定します。

排水槽と排水ポンプの算定

排水槽の種別や設置場所によってもその対応は異なってきます。

槽の種別には、**雑排水槽、汚水槽、湧水槽、雨水槽**があります。また汚水と雑排水、湧水と雨水の**合流排水槽**等もあります。それぞれ余裕を見込んで容量を算出しますが、大きければよいというわけではありません。

また、各排水槽に適したポンプの種別も選定しなければなりません。ポンプの口径も槽によって最小口径がありますので注意してください。

揚水量も槽の容量を10〜20分でくみ上げきれる容量とします。設置台数も2台設置が原則で、**通常自動交互運転**としますが、異常時は同時運転可能とします。

排水配管には逆流防止のため**逆止弁**や振動防止のための**フレキシブル継手**等を設けます。

排水槽の容量およびポンプの算定

区分	槽の種別	排水槽の容量		ポンプの種別	ポンプ最小径	揚水量
地上	雑排水槽	流れが定常的な場合	時間平均流量の4〜6時間分	雑排水用ポンプ	50A	ピット容量
		流れが変動的な場合	時間最大流量の4時間分	雑排水用ポンプ	50A	
建物地下	汚水槽	時間平均流量の2〜2.5時間分(最小3.0㎥)		汚物用ポンプ	80A	10〜20分 (L/min)
	雑排水槽	時間平均流量の2〜2.5時間分(最小2.0㎥)		雑排水用ポンプ	50A	
	湧水槽	二重床内は緩衝用　(最小ピット容量1.5㎥)		湧水用ポンプ	40A	
	雨水排水槽	当該地の時間最大降雨量×流出面積×流出係数		雨水用ポンプ		
	上記の合流水用排水槽	各排水槽容量の合計		合流水用汚物・雑排水ポンプ		各揚水量の合計とする

*排水ポンプは原則として2台設置し、通常時は自動交互運転、異常時は同時運転可能とする。
*排水ポンプの吐出管は垂直距離の長い場合、管路より逆流の恐れのある場合は、逆止弁を設ける。

4-17 排水トラップ

排水トラップは下水道の悪臭や害虫等の屋内侵入を防ぐ器具や装置です

> **Point**
> - 排水管に必須なものですが、ごみがたまりやすく詰まりの原因になりやすい。
> - 水による遮断構造をもつものを封水と呼びます。
> - 一番の敵は、破封です。

■ トラップの目的

排水管や公共下水道などから、不快な臭気や小虫などが排水管を通じて、室内に侵入し、空気の汚染や衛生上支障ある影響をおよぼします。それらを阻止する目的で設置されるのが**トラップ**です。何らかの原因でトラップの水がなくなると臭気が室内に入ってしまいます。

■ トラップの必要条件と封水深

トラップの機能を十分に生かすために必要な条件には、次のものがあります。
① **完全に下水ガスを遮断する安定性。**
② **構造が簡単で、材質は耐食性に優れていなければならない。**
③ **汚物等が停滞することなく、かつ排水により通水路を洗浄する構造。**
④ **水封を失いにくい構造。**

封水深とは、トラップの封水の深さをいいます。
水封は深いほど効果は有効ですが、深すぎると自浄力をなくし、トラップの底に汚泥等が滞留し、悪臭発生源となってしまいます。また、水封が浅いと**破封**(トラップ内の封水がなくなる現象)してしまい、機能を果たさなくなってしまいます。一般的には、50～100㎜が適切とされています。

封水

　水でつくられた栓の部分をいいます。器具の室内側と排水管側を遮断する役割で、異臭や下水ガスを室内に導入することを防止します。最も単純で確実な方法です。水を流すたびに封水は入れ替わるため**死水**の恐れはありませんが、長時間使用しないとトラップ内の水が蒸発して封水切れとなります。

封水強度

　同じ条件で同時排水器具数を増やしていくと、トラップの種類によって早く封水が破壊されるものと、されにくいものがあります。これを**封水強度**といいます。ボトルトラップは封水強度は高く、サイホン式トラップは比較的小さいです。

トラップの種類

トラップ名称	説　明
Pトラップ	広く使用されている形の1つで、これに通気管を設置すれば水封も安定する。
Sトラップ	比較的使用されやすい形だが、サイホン作用を起こしやすいので、原則的には採用しないことが望ましい。
Uトラップ	横走配管の途中によく使用されますが、この型は配管中の流れを阻害する。
ドラムトラップ	水封部分が胴状の形をしており、管トラップより多量の水を貯えることで水封が破られにくい構造。
椀(わん)トラップ	流し、床排水などに多く使用されているが、中の椀形金物に物が引っ掛かりやすく、そのため、椀を取り外す場合が多くある。椀を外せばトラップの機能が果たせないため、できれば使用しないほうがよいタイプ。
造り付けトラップ	衛生器具とトラップが一体となっているもの。例えば、大便器など。

ダブルトラップについて

　トラップ自体が水で栓をしている状態で、トラップが 2 つ存在すると排水管内の空気を 2 つの水栓でふさいでいる状態と同じことになります。上流からいくら排水しても排水管内の空気を押しながら下流側へ流れていくことになります。よって、排水時トラップ同士間で排水管内は加圧された状態になります。

　ダブルトラップは、単純に水が流れにくいだけではなく、排水器具のトラップが**跳出**してしまったり、排水管内の臭気が逆流する原因となります。

トラップの破損現象

破封現象の名称		説明
自己サイホン作用		器具からの排水のように、トラップと排水管がサイホン管を形成して、トラップ内の封水を失う現象。
吸い出し作用		排水立管に隣接している箇所で、水の瞬間的な満水状態で流れた時、管内圧力で負圧になり、排水立管に吸い込まれてしまい破封してしまう現象。
はね出し作用		排水立管内の一時的な多量の排水により、管内が正圧になると、トラップ内にある水がはね出し、破封してしまう現象。
毛管現象		トラップのウェア部に糸くずや毛髪が、またがって引っ掛かった場合、毛細管現象によって封水が流出してしまう現象。
蒸発		封水は常に蒸発により損失しています。長時間放置した状態にしておくと、自然蒸発により封水がなくなり、トラップ機能が壊れる。

4-18 排水・通気管材

排水・通気管の材料

> **Point**
> - 給水・給湯・排水用では、オールマイティな塩化ビニル管です。
> - 給水・給湯用では、鋼管、ライニング鋼管、銅管、ステンレス管、樹脂管です。
> - 排水用では、鋼管、ライニング鋼管、塩ビ管、耐火二層管、鋳鉄管です。

■ 排水・通気設備に使用する主な管・継手類

配管材料には用途によって**給水・給湯・排水用**、**給水・給湯用**、**排水用**の3種類に大別されます。

排水・通気設備に使用する主な管・継手類

	名称		使用区分					備考
			屋外埋設	屋内配管	トレンチ・ピット内	住戸内配管	屋外露出配管	
管類	配管用炭素鋼鋼管	JISG3452		○	○	○	○	
	排水用タールエポキシ塗装鋼管	WSP 032	○	○	○	○	○	SGP-TA
	排水用硬質塩化ビニルライニング鋼管	WSP 042		○	○	○	○	D-VA
	硬質塩化ビニル管	JISK6741		○	○	○	○	VP
	排水用耐火二層管	FDPS-1		○		○	○	
	遠心力鉄筋コンクリート管	JISA5303	○					外圧管1種のB形
	陶管	JISR1201	○					
	メカニカル形排水用鋳鉄管	HASS 210		○	○			
継手	ねじ込み式排水管継手	JISB2303		○	○	○	○	
	排水鋼管用可とう継手	MDJ 002		○	○	○	○	
	排水用硬質塩化ビニル管継手	JISK6739		○	○	○	○	コア継手
	排水用耐火二層管継手	FDPS-2		○		○	○	
	遠心力鉄筋コンクリート管用異形管	JISA5303	○					
	陶管	JISR1201	○					
	メカニカル形排水用鋳鉄管	HASS 210		○	○			

第4章 排水通気設備

Column

「ゲリラ豪雨」とは

　正式な気象用語ではなく、マスコミなどで主に集中豪雨の代わりとして使われている言葉です。大気の状態不安定により突発的に起こる局地的な大雨をゲリラ豪雨と呼んでいることが多いようです。

●「ゲリラ豪雨」の原因は積乱雲？

　短時間に局地的な豪雨をもたらす「ゲリラ豪雨」はなぜ発生するのか、その原因は積乱雲(入道雲)です。地表付近の空気が暖かく湿った状態で、上層に冷たく乾いた空気が流れ込むと、大気の状態が不安定になります。この不安定を解消しようと上下の空気が混じり合う結果、積乱雲が発生しやすくなり、局地的に激しい雨を降らせるのです。また、夏の季節に勢力を強める太平洋高気圧の縁や、台風の周辺などでは、大量の水蒸気が流入することで大気が不安定となり積乱雲が発生し、集中豪雨をもたらすこともあり、落雷もともないます。

　「ゲリラ豪雨」が夏に集中することが理解できたでしょうか。

　1時間に80mm以上の「猛烈な雨」が1年間に発生する回数は、ここ数十年で、18.5回とほぼ倍増で着実に増えています。上記より範囲を広げて1時間に50～80mm未満の「非常に激しい雨」を含めると、2004年の発生回数は470回と、過去最多の419回(1998年)より50回以上増えています。

●「ゲリラ豪雨」が増える一因は、地球温暖化！

　「今後も温暖化の影響で、異常気象がもたらす被害はますます深刻になる？」「ゲリラ豪雨は、ヒートアイランド現象が大好き？」「なぜ大都市を狙い撃ちにする？」その原因としてヒートアイランド現象があります。都会にみられるのが特徴です。

　それらの「ゲリラ豪雨」の雨仕舞い処理の一端が、排水設備に含まれていることを忘れないで下さい。

第5章

衛生器具設備

衛生器具とは、大便器、小便器、洗面器、手洗い器、流し類、ビデ、シャワーや水栓類、およびその付属金具をいいます。本章では、器具選定の基本、設置数の求め方、設置スペース等を解説します。

5-1 衛生器具設備の概要

衛生器具の定義

> **Point**
> ● 衛生器具が満たさなければならない条件は、耐久性・衛生的・取り付け・汚染防止の4つです。
> ● 選定に当たっては、使用者・建物・規格・省エネについて考慮する必要があります。

衛生設備とは

衛生設備とは、水または湯を供給する**給水器具**や、洗い物を受け入れたり汚物を受け入れて排出するために設ける**水受け容器・排水器具**および付属品などを総称した名称です。

衛生器具が満たさなければならない一般的な条件は次に示す通りです。

① **吸水性、腐食性がなく、耐久性のある容易に破損しない材料であること。**
② **衛生器具は一般的に建築仕上げ材料として室内に取り付けられるので、仕上がりの外観が美しく、また衛生的であること。**
③ **器具の製作が容易であり、また取り付けが手軽に、また確実に行えること。**
④ **汚染防止を考慮した器具であること。**

衛生器具に関する種類、形状、寸法、材質、機構、耐圧などのほとんどは、JISで定められています。代表的なものとして、**JIS B 2061 給水栓**、**JIS A 5207 衛生陶器**などがあげられます。

衛生器具の選定基本条件

衛生器具は、以下の条件に満たすものを選びます。

① **使用者に対する適応**
乳幼児、学童、成人、老人や身障者など使用者に適応した器具を選定します。

② 地域に対する適応

寒冷地では、凍結破損の恐れがありますので、水抜き法や流動法で凍結を防止したり、寒冷地用器具を採用するなどの寒冷地対策をする必要があります。

③ 建物に対する適応

建物の種別、用途に応じて、適切な器具を選定します。設備ユニットなどグレードや大きさ、使用器具にも低騒音器具とか利用者の使用しやすい器具を、またメンテナンスの容易な器具を選定する考慮が必要です。

④ 規格に対する適応

衛生器具は、給水設備、排水設備との接点がありますので、上水を汚染させない器具等の配慮や、室内を衛生的に保つことが重要です。そのためには、建築基準法、地方自治体の条例、日本水道協会規格、JIS 規格品等に適合したものを選定しなければなりません。

⑤ 省エネに対する適応

衛生器具には節水装置を設け、水資源の有効利用を図ります。

衛生設備の分類

衛生器具	給水器具	水（湯）を供給する器具 （給水栓、止水栓、ボールタップなど）
	水受け容器	使用する水（湯）や使用した水（湯）、洗浄される汚物を一時貯留、または排水系統に導くために用いられる容器・器具 （洗面器、手洗い器、浴槽、便器など）
	排水器具	水受け容器と排水管を接続する排水部の金具類 （トラップなど）
衛生器具設備		衛生器具と組み合わせて衛生的環境を構成維持するための設備

5-2 衛生器具の選定手順

選定の手順を流れで理解する

> **Point**
> ●器具の種類とデザインは、グレードを考慮して選定します。
> ●器具への配管（給水・給湯、排水管）スペースは十分に確保しましょう。
> ●設置の地域への対応（寒冷地、塩害地対策）を忘れずに。

衛生器具の選定手順

デザイン優先とするのではなく、次の手順で確認や検討をしてください。

①**衛生器具の設置個数の確認**

建築設計者が決める場合がほとんどですが、器具数については、建築規模と用途により、必要器具数の確認をします。

②**器具のデザインと種類の選定**

発注者や設計者とグレードを考慮し選定します。バリアフリー化も検討します。

③**設置スペースの検討**

車椅子使用者への配慮がされているかも重要項目です。

④**水圧確保の要否の確認**

器具が必要とする水圧が、給水システムによって得られるか否かを検討します。特に、洗浄弁、サーモ付混合栓、シャワーなどには注意します。

⑤**排水管のスペースの検討**

器具への給水・給湯配管や器具からの排水管のスペースについて検討します。

⑥**器具設置地域への対応**

寒冷地については、凍結防止対策について検討します。寒冷地や井戸水を使用する場合では、水温と結露についてチェックし、ロータンク、ハイタンク、洗浄タンク密結型洋風便器などの結露防止に留意します。

⑦**上記の条件がすべて満足されることを確認したうえで、器具を決定します。**

5-2 衛生器具の選定手順

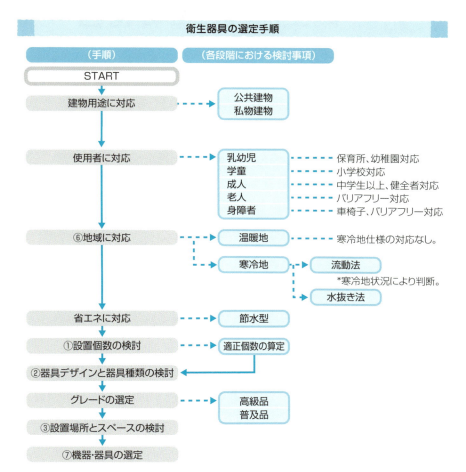

5-3 衛生器具とその特色

発注者のニーズに合わせた多種多様な器具から適切なものを選定しましょう

> **Point**
> ● 誰が、どこで、何のために使用するか等を考え、対応品を選定します。
> ● 器具の特色を熟知して適材適所の対策をしましょう。
> ● 無駄、無理、むらをなくし、器具の選定は慎重にしましょう。

■ 大便器

大便器には、和風便器と洋風便器に大別されます。さらに機能によって次のように分類することができます。

洗浄方式の種類	
洗浄方式の別	特徴と使用上の留意点
ロータンク方式	給水管が13mmで低水圧でも使用でき一般家庭に適した方式。便器の洗浄水量は、種類によって異なるが、現在では節水形が主流であり、サイホン作用を利用したものでも、1回の洗浄水量を8L以下に抑えられたものもある。
洗浄弁方式	連続使用ができるので、ホテルや事務所向き。瞬間的に多量の水が必要なため、給水管径や水圧が適切でないと洗浄不良をきたしますので注意が必要。
ハイタンク方式	洗浄効果は、ロータンク方式に準じるが、洗浄音やタンクよりの結露水の問題もあり、あまり多くは採用されていない。

5-3 衛生器具とその特色

大便器の種類

大便器の種別	特徴と使用上の留意点
洗出し式	和風便器に使用。臭気発散多い。和風は公衆用で多く利用される。
洗落し式	洗出し式より排出力・臭気発散では優れているが満足度は低い。しかし、安価なため普及形便器といえる。
サイホン式	洗出し式に比べ排出力が強力で臭気の発散も少ない。優れた機能を発揮する便器。
サイホンゼット式	留水面をサイホン式よりさらに大きく、臭気の発散や汚物の付着がほとんどなく、極めて優れた便器。
ブローアウト式	排水路が大きく、詰まりがなく、洗浄力も強力ですがフラッシュ弁専用で、高水圧が必要となる。ロータンクとの組み合せは不可能。

第5章 衛生器具設備

小便器

小便器は次のように分類することができます。

小便器の種類	
小便器の種別	特徴と使用上の留意点
壁掛小便器	壁に取り付ける壁掛式のもので、普及品として使用されている。連立する場合は、仕切り板を併設する。
ストール小便器	床に据え置くそで付小便器で、大形、中形、小形の3種類がある。たれ受けが低いので子供から大人まで使用でき、パブリック用として多く使用されている。施工も容易な着脱式トラップ付小便器がお勧め。
壁掛ストール小便器	壁に取り付けるそで付小便器で、大形、中形、小形の3種類がある。大形のものは、ホテルや事務所ビルの便所に多く使用されている。
筒形小便器	床に据え置く筒形の小便器。形状が筒形なので、店舗等での使用が多い。ただし、トラップなしなので、施工に難がある。

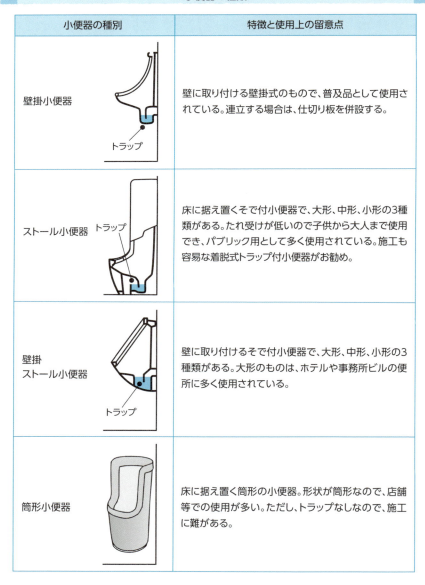

洗面器

洗面器は次のように分類することができます。

洗面器の種類	
洗面器の種別	特徴と使用上の留意点
壁掛式洗面器	壁に取り付けるもので、取付金具には、バックハンガー式とブラケット式とがある。
カウンターはめ込み形	●フレーム式 洗面器の周囲をステンレスフレームで縁取りし、カウンターと洗面器に段差が無く、仕上がりはきれい。
	●セルフリミング式 洗面器の周囲につばを設け、このつば部をカウンターに引っ掛ける方式。洗面器とカウンターに段差ができる欠点はありますが取り付けは容易。
	●アンダーカウンター式 カウンターの下に洗面器を取り付ける方式。カウンター面はすっきりする。カウンターの切込み木口が見えるので、カウンターの材質選定が大切。

5-3 衛生器具とその特色

■ その他

洗面化粧台は、キャビネットに洗面器、給排水金具を組み込み、収納部やカウンターを備えたユニット製品です。スペースに応じたレイアウトができ、人気のある製品です。

その他の衛生機器

名称	説明	
洗面化粧台	さまざまな広さや間取り、使い勝手に対応する豊富なサイズ、部材、カラーがある。	
水飲み器	公園や駅の構内などに多く見かける。最近はその数を減らしつつある。	
ビデ	外観は便器と洗面台が一緒になった形状で、ビデ内に水や湯をためてデリケートゾーンを洗う。	
ユニットバス	壁や天井、そして浴槽が一体となっている風呂のこと。	
食器洗い機	食器を洗うだけではなく、洗浄後熱風で乾燥させるものが主流となっている。	

5-3 衛生器具とその特色

浴槽

浴槽は、設置方法により分類します。

浴槽の分類

■設置形態による分類

据置き形	床に置く。メンテナンスがしやすい。
埋込み形	床の高さまで浴槽を埋め込む。浴槽に入りやすい上に浴室が広く見える効果がある。

■入浴形態による分類

和風浴槽	首から下の体全体を湯に沈めて入浴する。据え置きで使うとまたぎにくい。
洋風浴槽	足を伸ばして寝そべるように入浴する。浴槽の中で体を洗うタイプで、ホテルなどでよく使用される。
和洋折衷浴槽	肩まで湯につかり自然な体勢で入浴できる。市販単品浴槽、ユニットバス用ともこのタイプが圧倒的に使用される。

■材料による分類

鋳鉄ほうろう製	溶かした金属を鋳型の空間に流し込んでつくった浴槽。重厚な雰囲気があり丈夫ではあるが、重量があるので階上の浴室に設置する場合は、構造躯体の確認が必要。
銅版ほうろう製	鉄の板にガラス質のうわ薬を塗り、高温で焼き付けたもの。さまざまなカラー展開がされている。模様やつや消しタイプといった装飾性の高い浴槽もある。
人工大理石製	ポリエステル系とアクリル系に分類される。ポリエステル系は強度や耐薬品性に優れ、アクリル系は、ポリエステル系に比べると透明感が高く、耐候性や衝撃性などに優れている。いずれも保温性は高く、熱にも強い素材でメンテナンスも楽。
ステンレス製	耐久性がよく保温性能が高い。傷やサビに強く、メンテナンスも楽。着色したり、デザインに工夫した製品もみられる。
プラスチック(FRP)製	ガラス繊維強化プラスチックのこと。保温性もあり、耐薬品性、耐衝撃性もよく、カラーバリエーションも豊富。軽量な素材。
木製	ヒノキやヒバ、サワラなどが用いられることが多い。保温性、耐衝撃性や耐熱性も優れており、最近では、腐りにくく、手入れも簡単な商品も。

第5章 衛生器具設備

流し類

流し類は次のように分類することができます。

流し類の種類

衛生器具名	特徴と使用上の留意点
掃除流し	床掃除のモップを洗ったりその他の雑用に使用される。
汚物流し	病院などで、おまるや尿瓶などの洗浄に使用される。
実験用流し	病院や学校、研究室などで使用されるもの。ドラムトラップ等との組み合せに注意が必要となる。
洗髪器	理容院、美容院で使用するもので、湯水混合栓とヘアートラップに注意する。
温水洗浄便座	肛門洗浄やビデ機能を備えた大便器用の便座。温水洗浄のほか、温風乾燥、暖房便座機能を備えたものがある。

5-4 水栓器具とその特色

キッチン用、洗面用、シャワーバス水栓などの個々の特色を知ってください

Point
- 人と水との共生をサポートする水栓には、利便性を重視してください。
- 水栓と器の組み合わせには、センスが求められます。
- デザイン性と機能性のよいものを選定してください。

給水・給湯方式による分類

● 単独水栓
給水・給湯の水栓がそれぞれ独立しているものです。取り付け方やめっき方法によって種類もたくさんあります。

● 湯水混合水栓
給水・給湯の水栓が一体化されたもの。次の種類があります。

湯水混合水栓		
2バルブ式	湯・水それぞれのハンドルを回し、吐水温度、吐水量の調節を行う基本的な構造。一時止水付きのものもある。	
ミキシングバルブ式	1つのハンドルで温度調節ができるもの。	
シングルレバー式	レバーハンドルの操作で、吐水、止水、水量調節、温度調節ができるもの。ミキシングバルブ式よりさらに操作しやすい。	
サーモスタット式	温度調節ハンドルの目盛りを合わせ、希望温度設定で使用できるもので、給水・給湯の圧力が変化しても自動で温度調節ができる。	

5-4 水栓器具とその特色

● 洗面器用水栓

手を洗う、顔を洗う、歯磨きもする……。一日に何度も利用するものですから、気持ちよく使えるものを選定してください。

水栓の種類

単水栓（立水栓）	湯水混合栓（2バルブとシングルレバー式がある）
湯水混合栓（2バルブとシングルレバー式がある）	2バルブのコンビネーション、センタセットタイプにより1穴と2穴に注意が必要。
自動水栓	センサー方式により手を差し出すと水が出て、手を遠ざけると水が止まる。
シャンプー水栓	ハンドシャワー先端のタッチスイッチでこまめに水の出し止めができる。

配管方式による分類

● 露出型

給水・給湯配管は、壁などに埋め込みますが、器具は露出して取り付けるものです。

● 埋込型

給水・給湯配管も器具本体の機能部を壁内に埋め込むものです。

5-4 水栓器具とその特色

めっきの種類と特徴

同じ水栓でもめっきによると見方が変化しますので、用途に応じて選択します。次の種類があります。

めっきの種類

メッキの種類	特徴と使用上の留意点
ニッケルクロムめっき	一般品。表面は鏡のよう、美麗で青味を帯びた光沢を持ち、耐久性、耐磨耗性に富む。
ニッケルクロムベロアめっき	つや消し。耐久性・耐磨耗性は、ニッケルクロムめっき品と変わりませんが、外観はつや消し調でにぶい光沢がある。
ゴールドめっき	金色・豪華さ。外観は金特有の豪華さがある。ただし、表面はやわらかいため傷つきやすく磨耗しやすいので取り扱いには注意が必要。
ゴールドベロアめっき	金つや消し。豪華な雰囲気を損なわず、しかもつや消しの効果がゴールドめっきとは一味違うムードをかもしだす。
温泉めっき	耐食性ニッケルクロムめっき。 温泉などの箇所に利用される。
鉛めっき	耐薬品性に優れている。 茶室の水場にも利用され、落ち着いた雰囲気がある。
ブロンズめっき	ニッケルクロムめっきより、さらに高級感があり、光沢もある。
銅めっき	金属特有の銅の光沢をだしている。
カラー水栓	エポキシ樹脂を焼付塗装したもの。外観がカラフルで美しくモダン。表面がやわらかいので取り扱いには注意が必要。

第5章 衛生器具設備

5-5 衛生器具数の選定

「建築設計資料集成」、「HASS(空気調和衛生工学会)」による算定方法

> **Point**
> ●公共建物等については、法規による器具数算定法があります。
> ●建物用途によっては居住者のみを対象としないで地域の誰もが利用しやすいものが望まれています。

衛生器具数の算定手順

　個数算定のための留意事項には、①利用目的、②利用者数、③交通手段、④曜日または季節的な要因、⑤交通量から推定される立ち寄り率、⑥滞在時間、⑦周辺の状況、⑧集中度による待ち時間の長さ、⑨その他男女の便器数等があります。

　建物用途によっても、立地条件によっても変化しますので十分協議して決定してください。

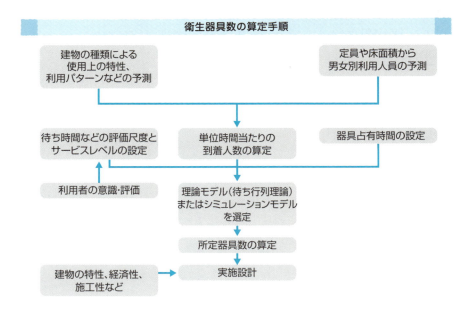

衛生器具数の算定手順

法規等による所要器具数

学校の場合、旧文部省基準では「小便器数が男子生徒 25 人に 1、大便器数は男子生徒数 50 人および女子生徒 20 人にそれぞれ 1」と決められています。

その他の建物種別による主なものを下表に示します。

建物種別による所要器具数

建物種別	適用法規等名称	区分	最小器具数(個) 大便器	最小器具数(個) 小便器	備考
作業所・事業場	労働安全衛生規則	男子	労働者数/60	労働者数/30	同時に就業する労働者数。
		女子	労働者数/20		
事務所	事務所衛生基準規則	男子	労働者数/60	労働者数/30	
		女子	労働者数/20		
事業附属寄宿舎（第1種寄宿舎）	事業附属寄宿舎規程	寄宿者数100人以下	寄宿者数/15		
		101〜500人	7+(寄宿者数−100/20)		
		501人以上	27+(寄宿者数−500/25)		
単身者共同宿舎	住宅金融公庫融資住宅建設基準		階の収容人員/8 (男子最小1)(最小1) *洗面設備は各階ごとに 階の収容人員/15 給水栓1個以上		便所・洗面所は階ごとに設ける。
幼稚園	幼稚園設置基準	79人以下	幼児数/20	同左	
		80〜239人	4+(幼児数-80/30)	同左	
		240人以上	10+(幼児数-240/40)	同左	
保育所	児童福祉施設最低基準	男子	幼児数/20	幼児数/20	
		女子	幼児数/20		
劇場・映画館・演芸場・観覧場・公会堂・集会場	東京都建築安全条例	階の客席床面積300㎡以下	客席床面積/15		男子の大便器+小便器数と女子便器数は同数とする。男子の大便器は小便器5個以内ごとに1個設ける。
		300〜600㎡	20+(客席床面積−300/20)		
		601〜900	35+(客席床面積−600/30)		
		901㎡以上	45+(客席床面積−900/60)		

Column

常に進化し続ける衛生器具設備

　1964年、東京オリンピックの時、急ピッチでホテルニューオータニの建設が進められていました。内装工事を省力化するために考案されたのが、ユニットバスです。在来工法の浴室と比べ、短時間での施工が可能で、水漏れリスクも少なく、今ではホテルや集合住宅など多くの建築物に採用されています。

　その他にも、シャワーユニット、トイレユニット、洗面化粧ユニットなど、あらゆる水場のユニット化が進められています。

　トイレの洗浄使用水も、1970年頃は13Lでしたが、1990年には8Lに、2006年では6L以下が標準となってきました。最新式のトイレにすれば3Lなので、知らずのうちに節水が可能です。

　便座(温水洗浄便座・暖房便座)も、世界に自慢できる優れものです。この便座も省エネを目指し進化しています。

　技術面では、便器の汚れを効果的に落とすトルネード洗浄法など、バリアフリーやユニバーサルデザインでもさまざまな商品に投入しています。

　さてこれからの進化がますます面白くなってきます。どんな器具がどのように変化していくのか、楽しみでもあります。その変革者に、あなたも名乗りでてはいかがでしょう！

消火設備

　火災から人の生命と財産を保護しなければなりません。消火にはさまざまな方法や設備があります。建物にもさまざまな規制が敷かれています。

　給排水衛生設備の中には、水による消火設備が含まれています。本章では、消防設備の解説や技術基準について解説します。

6-1 主な消火設備の専門用語

消防法で定められている消火設備の主な用語

> **Point**
> ●建築基準法と消防法が順守しなければならない法令です。
> ●消防法令集を読破するためにも専門用語を身に付けましょう
> ●用語には、消火方法や器具名なども含まれます。

■ 消火設備の用語説明

　消防法令上の消防用設備とは、**消防の用に供する設備、消防用水、消火活動上必要な施設**に区分されており、「消防の用に供する設備」の中には**消火設備、警報設備、避難設備**があり、これらを**消防用設備等**と呼んでいます。

■ 消火設備

　消防・消火活動の用に供する設備の総称です。消火器、スプリンクラー設備、屋内・外消火栓設備などの**消火設備、警報設備、避難設備**、消防隊の消火活動に必要な**連結送水管、排煙設備、防火水槽**などがあります。

> 給排水衛生設備に含まれる消火設備は、水に関係する消火設備です。屋内消火栓、屋外消火栓、スプリンクラー設備、水噴射、泡消火等です。

6-1 主な消火設備の専門用語

屋内消火栓設備

　火災の初期消火に供する設備の１つ。要所に設置された屋内消火栓箱内に**ホース、消火栓弁**などがあり、これよりの放水により消火活動ができるものです。**１号、易１号**と**２号**があります。

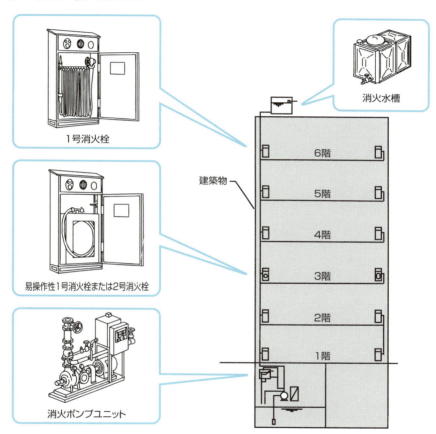

スプリンクラー設備

　天井面に配置設備された**スプリンクラーヘッド**から放水して、火災の初期消火に供する設備の1つ。**湿式**、**乾式**、**予作動式**、**開放式**の各種方式があり、その設計・構築には、消防法に規定があります。

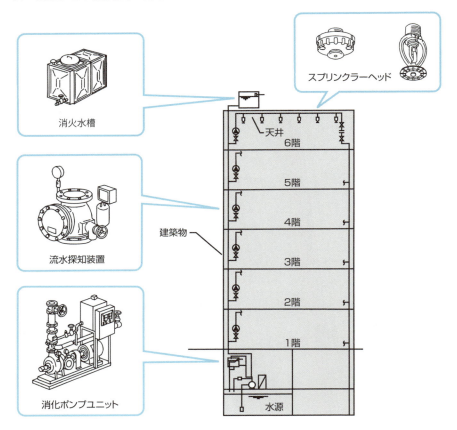

サイヤミューズコネクション（送水口）

連結送水管設備に設置される高層建築物等で消防隊の消火活動を円滑に行うために設けられるものです。消防ポンプ車が水道本管等の地下消火栓よりの消火水をサイヤミューズコネクション（送水口）に接続しこれよりの水を各階設置の放水口へ導き消防隊が消火活動を行うのです。

火災の種類

火災は、燃焼物の種類によって次のように分類されます。

A 火災：木材、紙、織物などの一般可燃物の火災です。
B 火災：石油類、その他可燃性液体、油脂などの火災です。
C 火災：電気機器によって生じる火災で、電気火災とも呼ばれています。
その他火災：金属の化学反応、ガス等による火災です。

燃焼の 3 要素

物質が酸化反応して熱を発生し、高温と光をともないながらその反応を継続する現象を燃焼といいます。燃焼するには、熱、酸素、燃料が必要となりますが、その 3 つが**燃焼の 3 要素**です。

消火は、燃焼の 3 要素のうち、1 つ以上を除去することにより火災の燃焼作用を抑止する作業のことです。

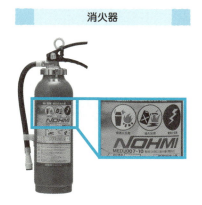

消火器

6-1 主な消火設備の専門用語

■ 不活性ガス消火設備

不活性ガス消火設備の消火剤には、CO_2(二酸化炭素)、IG100(窒素)、IG55、IG541の4種類があります。容器内に不活性ガスを貯蔵しておき、これらが放出される時の熱吸収による冷却作用と燃焼中の酸素濃度を低下させて窒息させる作用により消火する方法で、電気室等などの**電気火災**や**油火災**に使用されます。

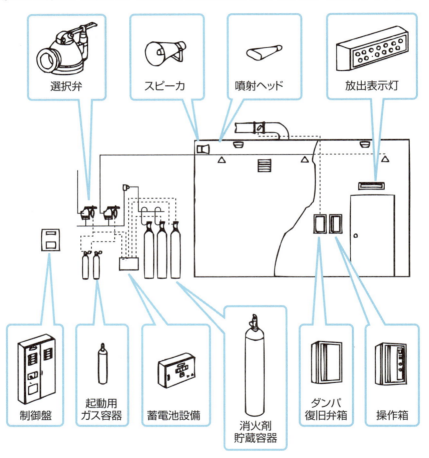

粉末消火設備

粉末消火設備は、水系消火設備が適さない場所、および水損を嫌う防火対象等の主として、**油火災**に用います。容器内に粉末を貯蔵しておき、放出されると粉末が熱によって分解し、二酸化炭素を発生することによる空気の遮断効果、または空気中の酸素濃度を下げることによる窒息効果、燃焼反応の制御効果を利用する設備です。

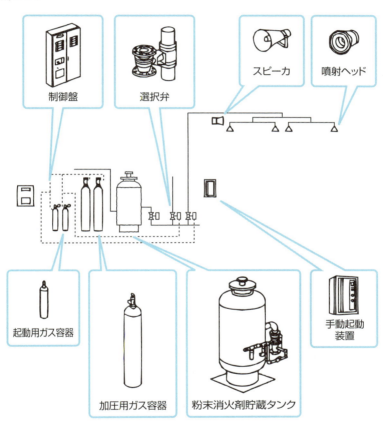

6-2 消火設備の設置対象

消火設備の設置の要否は、「消防法施行令別表第1」によります

> **Point**
> ● 建物用途を、別表第1より規模、階数等により設置の要否がわかります。
> ● 最終決定する際には、所轄消防署との事前協議が必要です。
> ● 特例を申請する際も、すべて消防署との協議を要します。

消火設備の設置

種々の消火設備の設置は、**消防法施行令**によって**防火対象物**に義務付けられています。

消火設備の種類と設置の対象は、**消防法施行令別表第1**により各消火設備の要否を確認し設計を開始します。なお、設置必要消火設備を決定する際には、最寄りの消防署との協議が必要です。

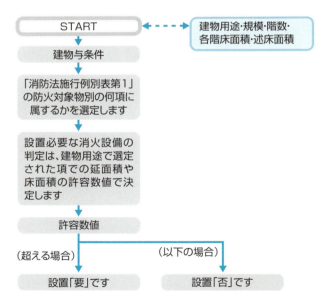

消火設備の種類と設置対象

（令別表第1）			屋内消火栓設備 令第11条		準危険物等
			一般	地階無窓階 または4階以上	
(1)	イ	劇場、映画館、演芸場	延面積500㎡以上 (1000)〔1500〕	床面積100㎡以上 (200)〔300〕	別表2の数量の750倍以上の準危険物（一類、二類、五類）別表3の数量の750倍以上の特殊可燃物
	ロ	公会堂、集会場			
(2)	イ	キャバレー、カフェ、ナイトクラブの類	700(1400)〔2100〕	150(300)〔450〕	
	ロ	遊技場、ダンスホール			
(3)	イ	待合、料理店の類	700(1400)〔2100〕	150(300)〔450〕	
	ロ	飲食店			
(4)		百貨店、マーケット、その他の物品販売業を営む店舗または展示場			
(5)	イ	旅館、ホテル、宿泊所	700(1400)〔2100〕	150(300)〔450〕	
	ロ	寄宿舎、下宿、共同住宅			
(6)	イ	病院、診療所、助産所	700(1400)〔2100〕 特定設定700 (1000)〔1000〕	150(300)〔450〕	
	ロ	特定施設、非特定施設			
	ハ	幼稚園、盲学校、聾学校、養護学校			
(7)		小学校、中学校、高等学校、大学、 高等専門学校、各種学校	700(1400)〔2100〕	150(300)〔450〕	
(8)		図書館、博物館、美術館	700(1400)〔2100〕	150(300)〔450〕	
(9)	イ	ソープ・サウナ浴場の類	700(1400)〔2100〕	150(300)〔450〕	
	ロ	イに掲げる公衆浴場以外の公衆浴場			
(10)		車輌の停車場、船舶または航空機の発着場	700(1400)〔2100〕	150(300)〔450〕	
(11)		神社、寺院、教会の類	1000(2000)〔3000〕	200(400)〔600〕	
(12)	イ	工場、作業場	700(1400)〔2100〕	150(300)〔450〕	
	ロ	映画スタジオ、テレビスタジオ			
(13)	イ	自動車車庫、駐車場	700(1400)〔2100〕	150(300)〔450〕	
	ロ	飛行機またはヘリコプターの格納庫			
(14)		倉庫	700(1400)〔2100〕	150(300)〔450〕	
(15)		前各項に該当しない事業場	1000(2000)〔3000〕	200(400)〔600〕	
(16)	イ	複合用途防火対象物のうちその一部が (1)～(4)、(5)項イ、(6)項または(9)項 イに掲げる防火対象物の用途に供されて いるもの。			
	ロ	イに掲げる複合用途防火対象物以外の 複合用途防火対象物			
(16～2)		地下街	150(300)〔450〕		
(16～3)		準地下街／建築物の地階で連続して地下道に 面して設けられたものと、当該地下道とを合わ せたもので、特定用途の部分があるもの			
(17)		重要文化財、民族資料、史跡等の構造物			
(18)		延長50m以上のアーケード			
(19)		市町村長の指定する山林			
(20)		自治省令で定める舟車			

6-2 消火設備の設置対象

(令別表第1)			スプリンクラー設備（令第12条）			地上11階以上の建物	の11階以上
			一般	地階・無窓階	4階以上10階以下		
(1)	イ	劇場、映画館、演芸場	床面積6000㎡以上 舞台部500㎡以上	1000㎡以上 舞台300㎡以上	1000㎡以上 舞台300㎡以上	全部	全部
	ロ	公会堂、集会場					
(2)	イ	キャバレー、カフェ、ナイトクラブの類	平家建以外で床面積の合計6000㎡以上	1000	1000	全部	全部
	ロ	遊技場、ダンスホール					
(3)	イ	待合、料理店の類		1000	1500	全部	全部
	ロ	飲食店					
(4)		百貨店、マーケット、その他の物品販売業を営む店舗または展示場	3000㎡以上（平家建以外）	1000	1000	全部	全部
(5)	イ	旅館、ホテル、宿泊所	6000㎡以上	1000	1500	全部	全部
	ロ	寄宿舎、下宿、共同住宅					
(6)	イ	病院、診療所、助産所	平屋建以外3000㎡以上 平屋建以外1000㎡以上 平屋建以外6000㎡以上	1000	1500	全部	全部
	ロ	特定施設、非特定施設					
	ハ	幼稚園、盲学校、聾学校、養護学校					
(7)		小学校、中学校、高等学校、大学、高等専門学校、各種学校					全部
(8)		図書館、博物館、美術館					
(9)	イ	ソープ・サウナ浴場の類	平屋建以外6000㎡以上	1000	1500	全部	
	ロ	イに掲げる公衆浴場以外の公衆浴場					
(10)		車輌の停車場、船舶または航空機の発着場					
(11)		神社、寺院、教会の類					
(12)	イ	工場、作業場					
	ロ	映画スタジオ、テレビスタジオ					
(13)	イ	自動車車庫、駐車場					
	ロ	飛行機またはヘリコプターの格納庫					
(14)		倉庫	ラック式倉庫で天井高さ10m以上、かつ延面積700(1400)(2100)㎡以上				
(15)		前各項に該当しない事業場					
(16)	イ	複合用途防火対象物のうちその一部が(1)〜(4)、(5)項イ、(6)項または(9)項イに掲げる防火対象物の用途に供されているもの。	特定部分の延面積3000㎡以上で当該部分の存する階	1000	1500 但し、特定施設は1000	全部	
	ロ	イに掲げる複合用途防火対象物以外の複合用途防火対象物					
(16〜2)		地下街	延面積1000㎡以上				
(16〜3)		準地下街／建築物の地階で連続して地下道に面して設けられたものと、当該地下道とを合わせたもので、特定用途の部分があるもの	延面積1000㎡以上でかつ特定用途に供される部分の合計床面積500㎡以上				
(17)		重要文化財、民族資料、史跡等の構造物					
(18)		延長50m以上のアーケード					
(19)		市町村長の指定する山林					
(20)		自治省令で定める舟車					

6-2 消火設備の設置対象

(令別表第1)			令第19条 屋外消火栓設備	令第28条の2 連結散水設備	令第29条 連結送水管
(1)	イ	劇場、映画館、演芸場	1. 1階または1階および2階の部分の床面積が、耐火建築物9000㎡以上、簡易耐火建築物6000㎡以上、その他は3000㎡以上のもの 2. 同一敷地内にある二以上の建築物(耐火および簡易耐火建築物をのぞく)で相互の外壁間の中心線からの距離が1階にあっては3.0m以下、2階にあっては5.0m以下である部分を有するものは1.の建築物とみなす。	地階の床面積の合計が700㎡以上	1. 地階をのぞく階数が7以上のもの 2. 地階をのぞく階数が5以上で、延面積が6000㎡以上のもの 3. 道路の用に供される部分を有するもの
	ロ	公会堂、集会場			
(2)	イ	キャバレー、カフェ、ナイトクラブの類			
	ロ	遊技場、ダンスホール			
(3)	イ	待合、料理店の類			
	ロ	飲食店			
(4)		百貨店、マーケット、その他の物品販売業を営む店舗または展示場			
(5)	イ	旅館、ホテル、宿泊所			
	ロ	寄宿舎、下宿、共同住宅			
(6)	イ	病院、診療所、助産所			
	ロ	特定施設、非特定施設			
	ハ	幼稚園、盲学校、聾学校、養護学校			
(7)		小学校、中学校、高等学校、大学、高等専門学校、各種学校			
(8)		図書館、博物館、美術館			
(9)	イ	ソープ・サウナ浴場の類			
	ロ	イに掲げる公衆浴場以外の公衆浴場			
(10)		車輛の停車場、船舶または航空機の発着場			
(11)		神社、寺院、教会の類			
(12)	イ	工場、作業場			
	ロ	映画スタジオ、テレビスタジオ			
(13)	イ	自動車車庫、駐車場			
	ロ	飛行機またはヘリコプターの格納庫			
(14)		倉庫			
(15)		前各項に該当しない事業場			
(16)	イ	複合用途防火対象物のうちその一部が(1)〜(4)、(5)項イ、(6)項または(9)項イに掲げる防火対象物の用途に供されているもの			
	ロ	イに掲げる複合用途防火対象物以外の複合用途防火対象物			
(16〜2)		地下街			延面積1000㎡以上
(16〜3)		準地下街／建築物の地階で連続して地下道に面して設けられたものと、当該地下道とを合わせたもので、特定用途の部分があるもの		延面積700㎡以上	
(17)		重要文化財、民族資料、史跡等の構造物			
(18)		延長50m以上のアーケード			全部
(19)		市町村長の指定する山林			
(20)		自治省令で定める舟車			

第6章 消火設備

6-3 屋内消火栓設備

消防隊が到着するまでの初期消火用に用いられるものです

Point
- 建物内にいる人々が操作を行うものです。
- 消火栓、ホース、筒先、ホース掛けなどが箱に収まった形で設置されています。
- 消火栓には、1号消火栓、易操作性1号消火栓、2号消火栓があります。

設計の手順

設置の要否の確認後、設置が必要となった場合、次の手順により設計作業を進めていきます。

① **設置の要否の確認**
   消防法施行令別表第1により、設備の要否を確認します。最寄りの消防署との協議も行ってください。

② **協議の結果、設置が必要となった場合**
   特例適用の要否を確認してください。

③ **屋内消火栓の設置位置と設置個数の決定**
   屋内消火栓の設置位置は、特に規定はありませんが、一般には廊下やホールなど消火活動および避難上有利な位置とします。
   位置は、設置個数にも影響しますので、位置と個数を同時に検討しましょう。
   1号・易1号と2号消火栓の3種類があります。その使い分けは、建築用途と面積から定められていますので注意します。

④ **消火用水槽(水源)の設計**
   水槽(水源)の有効容量は、1号と2号消火栓の場合とでは違いますので注意します。1号・易1号の場合は $V=2.6 ×$同時開口数 (N)、2号の場合は、$V=1.2 ×$同時開口数 (N)。**同時開口数 (N)** は、共に最大2とします。

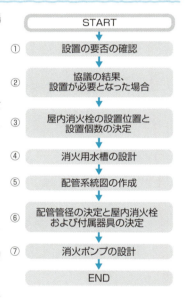

START
① 設置の要否の確認
② 協議の結果、設置が必要となった場合
③ 屋内消火栓の設置位置と設置個数の決定
④ 消火用水槽の設計
⑤ 配管系統図の作成
⑥ 配管管径の決定と屋内消火栓および付属器具の決定
⑦ 消火ポンプの設計
END

⑤配管系統図の作成

機器類の配置を正確に決定後、着手します。配管の長さ、継手、弁類の種類や数量は配管の摩擦損失水頭を求めるうえで正確さが要求されます。

⑥配管管径の決定と屋内消火栓および付属器具の決定

主管(立管)の口径は、1号および易1号は50A以上、2号は32A以上とします。開閉弁、ノズル、ホース等の付属器具を決定します。消火用充水タンクの容量は、0.5㎥以上(2号消火栓のみの場合は、0.3㎥以上)とします。ただし、当該タンクの水位が低下した場合に、自動的に給水できる呼び径25以上の補給水配管を設ける場合は、当該容量は0.2㎥以上でよいです(都予防事務審査・検査基準)。

⑦消火ポンプの設計

屋内消火栓設備の技術基準にしたがいます。1号・易1号と2号消火栓のポンプの仕様が違いますので注意してください。

使用圧力値(締切全揚程時の圧力)が1.6MPa以上となる部分、および連結送水管と兼用する場合で、その設計送水圧力が1.0MPaを超えるものは、圧力配管用炭素鋼鋼管(Sch40以上のもの)を使用します。

テスト弁は、1号消火栓は呼び径40A、易1号消火栓は呼び径30A、2号消火栓は呼び径25Aとし、屋上部分に設置します。

> 屋内消火栓設備は、人が操作して火災を消火する設備です。1号消火栓は2人以上で操作しますが、易操作性1号消火栓、2号消火栓は1人で操作できます。

6-3 屋内消火栓設備

屋内消火栓設備の技術基準

【令11条3項1号・2号、規則12条1項・2項】

設置位置と配置間隔		屋内消火栓		
		1号消火栓	易操作性1号消火栓	2号消火栓
設置位置と配置間隔	水平距離	25m以下	25m以下	15m以下
	放水圧力	0.17〜0.7Mpa	0.17〜0.7Mpa	0.25〜0.7Mpa
	放水量	130L/min以上	130L/min以上	60L/min以上
	射程	規定なし	棒状7m、噴霧3.5m以上	棒状10m、噴霧5m以上
	開閉弁	呼称40A	呼称30A	呼称25A
水源の水量		V≧2.6m3×N N:同時開放個数(最大2個)	V≧2.6m3×N N:同時開放個数(最大2個)	V≧1.2m3×N N:同時開放個数(最大2個)
操作		2名以上で操作	1人操作	1人操作
ホース継手		呼称40-2組	呼称30-1組	呼称25-1組
消防用ホース		呼称40布ホース 15m 2本	呼称30保形ホース 30m 1本	呼称25保形ホース 20m 1本
ノズル		φ13×呼称40	棒状・噴霧切替	φ8 開閉付
ホース収納装置		ホース架櫛掛式	折畳み等収納方式等	ホースリール・折畳み収納式
ポンプ	吐出量	150L/min×N N:同時開放個数(最大2個)	150L/min×N N:同時開放個数(最大2個)	70L/min×N N:同時開放個数(最大2個)
	全揚程	H≧h1+h2+h3+17 h1:ホースの摩擦損失水頭(=7.8mAq) h2:ポンプから最遠端の消火栓までの配管摩擦損失水頭(m) h3:フート弁から最上設置の消火栓までの落差水頭(m)	H≧h1+h2+h3+17 h1:ホースの摩擦損失水頭(=25mAq) h2:ポンプから最遠端の消火栓までの配管摩擦損失水頭(m) h3:フート弁から最上設置の消火栓までの落差水頭(m)	H≧h1+h2+h3+17 h1:ホースの摩擦損失水頭(=12mAq) h2:ポンプから最遠端の消火栓までの配管摩擦損失水頭(m) h3:フート弁から最上設置の消火栓までの落差水頭(m)
	電動機容量	Ps=(Q×H)/(6120×E) kW=1.1×(Ps/K) Q:ポンプの定格吐出量(L/min) H:ポンプの全揚程(m) K:伝導効率(電動機の場合は1.0) E:定格吐出量におけるポンプ効率		
	ポンプ起動	遠隔起動	操作に連動	操作に連動
表示灯		取付面より15度以上の角度で、10m離れて識別可能とする。		
		天井型は、設置高さ3mで10m離れて1.5mの高さで識別		
配管	管材	①圧力配管用炭素鋼鋼管(JIS G 3454)を使用。 ②管継手は、ねじ込み式、溶接式のフランジ継手またはねじ込み式管継手を用いる。		
	立上り主管	50A以上 ただし、主管が5階以上の場合は65A以上とする。	50A以上 ただし、主管が5階以上の場合は65A以上とする。	32A以上
	横枝管	40A以上	32A以上	25A以上
備考		1kgf/cm²=10mAq 1kgf/cm²=0.1MPa 管摩擦損失係数の計算式 $H=1.2×Q^{1.85}/D^{4.87}$ H:損失(m)(100m当り) Q:流量(L/min) D:管内径(cm)	1号消火栓	2号消火栓

6-3 屋内消火栓設備

屋内消火栓設備の技術資料

屋内消火栓設備の計算等で使用する技術資料です。

■ホースの摩擦損失水頭 (単位:m/100m)

流量(L/min)	ホースの呼び径(mm)					
	40		50		65	
	麻ホース	ゴム内張り	麻ホース	ゴム内張り	麻ホース	ゴム内張り
130	26	12	7	3		
350					10	4
400						6

■配管径に対する流量

配管径(A)	管の受け持つ許容流量(L/min)
25	60
32	130
40	130
50	260
65	390
80	520
100	650

■屋内消火栓配管の管径

種別	立管(A)	横枝管(A)
1号消火栓	50以上	40以上
易1号消火栓	50以上	32以上
2号消火栓	32以上	25以上

*連結送水管と兼用する場合の立管管径は、呼び径100以上とします。

■ポンプの効率の最低値 (昭和55年消防庁第111号通達)

定格吐出量(㎥/min)	0.15以上 0.30未満	0.30以上 0.45未満	0.45以上 0.6未満	0.60以上 0.75未満	0.75以上 0.90未満	0.90以上 1.80未満	1.80以上 2.70未満	2.70以上
ポンプ効率(%)	37	44	47.5	49.5	51	52.5	57	59

■屋内消火栓の管長1m当たりの摩擦損失水頭 (単位:kPa)

屋内消火栓の個数		流量(L/min)	管の呼び径(A)					
			32	40	50	65	80	100
1号消火栓	1	150		1.23	0.38	0.11	0.05	0.01
	2	300		4.44	1.38	0.41	0.18	0.05
2号消火栓	1	70	0.64	0.3	0.09	0.03		
	2	140	2.3	1.09	0.34	0.1		

■ノズルの放水量・先端圧力 (消防令代1条第3項、消防則第12条第7号)

種別	ノズルの放水量(L/min)	ノズルの先端圧力(MPa)	
		最低	最高
1号消火栓	130	0.17	0.7
易1号消火栓	130	0.17	0.7
2号消火栓	60	0.25	0.7

■消火栓弁相当管長

形状		呼称口径 A	相当管長 m
アングル弁型		40	7.0
		50	9.0
		65	14.0
玉形弁型	玉形 180度形	40	16.0
		50	18.0
		65	24.0
	玉形 90度形	40	19.0
		50	21.0
		65	27.0

■易1号消火栓弁・ホース損失　　　　　　　　　（横井製作所資料）

標準型	棒状放水	0.24MPa（申請値）
	噴霧放水	0.24MPa（申請値）

■管・継手および弁類の直管換算相当管長（JIS G 3452）
配管用炭素鋼鋼管の場合　　　　　　　　（昭和51年4月5日、消防庁告示第3号）（単位:m）

種類		管径(A)	25	32	40	50	65	80	100	125	150	200	250	300	350
管継手	ねじ込み式	45°エルボ	0.4	0.5	0.6	0.7	1.0	1.1	1.5	1.8	2.2	2.9	3.6	4.3	4.8
		90°エルボ	0.8	1.1	1.3	1.6	2.0	2.4	3.2	3.9	4.7	6.2	7.6	9.2	10.2
		リタンベンド(180°)	2.0	2.6	3.0	3.9	5.0	5.9	7.7	9.6	11.3	15.0	18.6	22.3	24.8
		チーズ又はクロス分流90°	1.7	2.2	2.5	3.2	4.1	4.9	6.3	7.9	9.3	12.3	15.3	18.3	20.4
	溶接式	45°エルボロング	0.2	0.2	0.3	0.3	0.4	0.5	0.7	0.8	0.9	1.2	1.5	1.8	2.0
		90°エルボショート	0.5	0.6	0.7	0.9	1.1	1.3	1.7	2.1	2.5	3.3	4.1	4.9	5.4
		90°エルボロング	0.3	0.4	0.5	0.6	0.8	1.0	1.3	1.6	1.9	2.5	3.1	3.7	4.1
		チーズ又はクロス分流90°	1.3	1.6	1.9	2.4	3.1	3.6	4.7	5.9	7.0	9.2	11.4	13.7	15.3
バルブ類		仕切り弁	0.2	0.2	0.3	0.3	0.4	0.5	0.7	0.8	1.0	1.3	1.6	2.0	2.2
		玉形弁	9.2	11.9	13.9	17.6	22.6	26.9	35.1	43.6	51.7	68.2	84.7	101.5	113.2
		アングル弁	4.6	6.0	7.0	8.9	11.3	13.5	17.6	21.9	26.0	34.2	42.5	50.9	56.8
		逆止弁(スイング形)	2.3	3.0	3.5	4.4	5.6	6.7	8.7	10.9	12.9	17.0	21.1	25.3	28.2

　設計送水圧力が1.0MPaを超える場合は、下記の圧力配管用炭素鋼鋼管（Sch40）を使用します。

6-3 屋内消火栓設備

■管・継手および弁類の直管換算相当管長
圧力配管用炭素鋼鋼管 スケジュール40の場合　（昭和51年4月5日、消防庁告示第3号）（単位:m）

種類			管径(A)	25	32	40	50	65	80	100	125	150	200	250	300	350
管継手	ねじ込み式		45°エルボ	0.4	0.5	0.6	0.7	0.9	1.1	1.4	1.8	2.1	2.8	3.5	4.2	4.7
			90°エルボ	0.8	1.1	1.2	1.6	2.0	2.4	3.1	3.8	4.5	6.0	7.5	9.0	10.0
			リタンベンド(180°)	2.0	2.6	3.0	3.9	4.8	5.7	7.5	9.3	11.0	14.6	18.2	21.8	24.3
			チーズ又はクロス分流90°	1.6	2.1	2.5	3.2	4.0	4.7	6.1	7.6	9.1	12.0	15.0	18.0	20.0
	溶接式		45°エルボロング	0.2	0.2	0.3	0.3	0.4	0.5	0.6	0.8	0.9	1.2	1.5	1.8	2.0
			90°エルボショート	0.4	0.6	0.7	0.9	1.1	1.3	1.6	2.0	2.4	3.2	4.0	4.8	5.3
			90°エルボロング	0.3	0.4	0.5	0.6	0.8	0.9	1.2	1.5	1.8	2.4	3.0	3.6	4.0
			チーズ又はクロス分流90°	1.2	1.6	1.9	2.4	3.0	3.5	4.6	5.7	6.8	9.0	11.2	13.4	15.0
バルブ類			仕切り弁	0.2	0.2	0.3	0.3	0.4	0.5	0.7	0.8	1.0	1.3	1.7	2.0	2.2
			玉形弁	9.0	11.8	13.7	17.6	22.0	26.0	34.0	42.0	50.3	66.6	82.9	99.2	111.0
			アングル弁	4.6	5.9	6.9	8.8	11.0	13.1	17.1	21.2	25.2	33.4	41.6	49.8	55.7
			逆止弁(スイング形)	2.3	3.0	3.4	4.4	5.5	6.5	8.5	10.5	12.5	16.6	20.7	24.7	27.7

■配管摩擦損失早見表 JIS G 3452 SG100m当たり　　　　　　　　（単位:m）

流量 (L/min)	口径 A（下段は内径 単位:cm）								
	25	32	40	50	65	80	100	125	150
	2.76	3.57	4.16	5.29	6.79	8.07	10.53	13.08	15.52
60	16.65	4.76	2.26	0.7	0.21	0.09	0.02	0.01	
70	22.15	6.33	3	0.93	0.28	0.12	0.03	0.01	
120	60.04	17.15	8.14	2.53	0.75	0.32	0.09	0.03	0.01
130	69.62	19.88	9.44	2.93	0.87	0.37	0.1	0.04	0.02
140	79.85	22.8	10.83	3.36	1	0.43	0.12	0.04	0.02
150		25.91	12.3	3.82	1.13	0.49	0.13	0.05	0.02
190		40.12	19.05	5.91	1.75	0.76	0.21	0.07	0.03
220			24.98	7.75	2.3	0.99	0.27	0.09	0.04
260			34.03	10.56	3.13	1.35	0.37	0.13	0.06
300			44.37	13.76	4.08	1.76	0.48	0.17	0.07
350				18.3	5.43	2.34	0.64	0.22	0.1
400				23.43	6.95	3	0.82	0.29	0.12
450				29.13	8.64	3.73	1.02	0.35	0.15
600					14.71	6.34	1.74	0.6	0.26
750					22.22	9.58	2.62	0.91	0.4
800					25.04	10.8	2.96	1.03	0.45

■計算式

$$H = \frac{1.2 \times Q^{1.85}}{D^{4.87}}$$

昭和51年4月 消防庁告示第3号

H:損失(m)(100m当り)、Q:流量(L/min)、D:管内径(cm)

6-4 屋外消火栓設備

屋外に設置し、軒高の高い工場、倉庫などの消火、延焼阻止に用います。

Point
- 屋内消火栓より放水の能力が高い設備です。
- 屋外消火栓の設置は1・2階に限定され、3階以上に消火栓が必要な場合は、屋内消火栓が併設されます。

設計の手順

設置要否の確認後、設置が必要となった場合、次の手順により設計作業を進めていきます。

①**設置の要否の確認**

消防法施行令別表第1により、設備の要否を確認します。最寄りの消防署との協議も行ってください。

②**協議の結果、設置が必要となった場合**

特例適用の要否を確認してください。

③**屋外消火栓の設置位置と設置個数の決定**

屋外消火栓の設置間隔は、防火対象物の各部から1個のホース接続口までの水平距離を40m以内とし、その位置は、防火対象物の出入口または開口部付近とします。消火栓箱は、消火栓から歩行距離5m以内に設けます。

④**消火用水槽の設計**

消火用水槽(水源)の有効容量は、

$V=7(m^3)×設置個数(N)$

設置個数(N)は、最大2。
水源の有効水量は、屋内消火栓設備に準じます。

⑤ **配管系統図の作成**

機器類の配置を正確に決定後、着手します。配管の長さ、継手、弁類の種類や数量は配管の摩擦損失水頭を求めるうえで正確さが要求されます。

⑥ **配管管径の決定と屋外消火栓および付属器具の決定**

配管は、屋内消火栓設備に準じますが、管径は単口形の屋外消火栓の場合は65㎜以上、双口形の場合は100㎜以上とします。

⑦ **消火ポンプの設計**

屋外消火栓設備の技術基準にしたがいます。屋内消火栓設備に準じますが、その起動装置は手動式が一般的です。

> 屋外消火栓設備は、建物の周囲に設置され、外部より放水することにより延焼を防止するために使用するものです。

6-4 屋外消火栓設備

屋外消火栓設備の技術基準

■技術基準 【令19条3項、規則22条】

設置位置と配置間隔		屋内消火栓	
設置位置と配置間隔	水平距離	40m以下	
設置位置と配置間隔	放水圧力	0.25〜0.6 MPa	
設置位置と配置間隔	放水量	350 L/min以上	
水源の水量		$V≧1.2×7.0m^3×N$ N:同時開放個数(最大2個)	
ポンプ	吐出量	400 L/min×N N:同時開放個数(最大2個)	
ポンプ	全揚程	$H≧h_1+h_2+h_3+h_4$ h_1:ホースの摩擦損失水頭(=4.0 mAq) h_2:ポンプから最遠端の消火栓までの配管摩擦損失水頭(m) h_3:フート弁から最上設置の消火栓までの落差水頭(m) h_4:ノズルの放水圧力水頭(m)(=25)	
ポンプ	電動機容量	$P_S=(Q×H)/(6120×E)$ $KW=1.1×(P_S/K)$ Q:ポンプの定格吐出量(L/min) H:ポンプの全揚程(m) K:伝導効率(電動機の場合は1.0) E:定格吐出量におけるポンプ効率	
ポンプ	ポンプ起動	遠隔起動	
表示灯		取付面より15度以上の角度で、10m離れて識別可能とする。 表示灯は始動表示灯兼用とする。	
配管	配管方式	①配管は専用とする。 ②湿式とする。 ③配管には、他用途のための分岐管を設けない。	
配管	管材	①圧力配管用炭素鋼鋼管(JIS G 3454)を使用。 ②管継手は、ねじ込み式、溶接式のフランジ継手又はねじ込み式管継手を用いる。	
配管	主管	①管径は単口形の屋外消火栓の場合は65A以上、双口形の場合は100A以上。	
配管	その他	①消火栓箱は、消火栓から歩行距離5m以内に設置する。	

■配管径に対する流量

配管径(A)	管の受け持つ流量(L/min)
65	350
100	700

6-5 連結送水管設備

高層の建築物において、消防隊が消防ホースなどの扱いで手間取らないように、あらかじめ建築物を縦断して設けられた送水用の配管です

Point

- 送水口に消防ポンプ車からの送水管を連結することで、各階設置の放水口から加圧状態の消火用水が得られます。
- 消防隊は、比較的短いホースを火災現場付近の放水口に接続するだけで消火作業が行えます。

設計の手順

設置要否の確認後、設置が必要となった場合、次の手順により設計作業を進めていきます。

①設置の要否の確認

消防法施行令別表第2により、設備の要否を確認します。最寄りの消防署との協議も行ってください。

②協議の結果、設置が必要となった場合

特例適用の要否を確認してください。

③送水口および放水口の取付位置と設置数の決定

放水口は、3階以上の各階に設置します。地階、地上1・2階は通常設置不要ですが、所轄消防署の指導にしたがいます。

その階の各部分から1つの放水口までの水平距離が50m以下となるように設置します。

各階ごとに半径50mの円にすべての部分が包含できる数とします。

放水口の口径を65mmとします。地上11階以上に設ける放水口は、双口形としてノズル・ホースを常備するホース格納箱を設置します。また、放水口の取付位置は、床面から0.5m以上、1.0m以下の高さに設置します。11階以上には、放水用器具を格納した箱を付置しますが、長さ20mのホース4本以上と筒先

2本以上が必要です。

格納箱は1の直通階段について階数3以内ごとに1の放水口から歩行距離5m以内で消防隊が有効に消火活動ができる位置とします。送水口は、口径65mmの双口形とし、連結送水管の立管の数以上設置します。送水口の取付位置は、消防ポンプ車が容易に接近できる位置とし、建物の外部または外壁に、地上0.5m以上、1.0m以下の高さに設置します。

④ **配管系統図の作成**

送水口、放水口の配置を正確に決定後、着手します。配管を正確にわかりやすく立体的に書きます。

⑤ **配管管径の決定**

連結送水管の主管は、100mm以上とし、枝管は65mmとします。

送水口への接続配管は100mmとします。

11階以上または、31m以上の建物高さの場合は、管内を湿式とします。

連結送水管にもステンレス管が使用されるようになってきました。

6-5　連結送水管設備

連結送水管設備の技術基準

■技術基準　　【令29条2項1号】

		連結送水管
設置基準 放水口の	一般糧物	3階以上の階に、階ごとに放水口を中心に半径50mの円ですべての床面積が覆われるように配置する。
	地下街	放水口を中心に半径50mの円で覆われるように配置する。
	アーケード	放水口を中心に半径25mの円で覆われるように配置する。
設置位置		消防隊が有効に活動できるよう避難階に直接通じる階段室内、その附室および非常用エレベータの乗降口ロビーのいずれかとする。
放水圧力		0.6MPa以上
送水口		消防ポンプ車が容易に接近できる場所に双口形を高さ0.5～1.0mに立管の数以上設置する。
配管	方式	①湿式を原則とする。 ②立主管は呼び径100以上、横引き管は呼び径65以上とする。 ③最上部に設置された放水口の高さが地盤面から50m以下のものは、その主管を屋内消火栓の主管と兼用することができる。 ④送水口の付近には、止水弁および逆止弁を設ける。 ⑤屋上に呼び径65の放水口を設ける。 ⑥地上11階以上の建物に設置する連結送水管で高さが70mを超える建物には、ブースターポンプを火災等の災害による被害を受ける恐れが少ない箇所に、送水上支障のないように設ける。
	管材	①圧力配管用炭素鋼鋼管（JIS G 3454）を使用。 但し、設計放水圧力が1MPaを超える場合は、JIS G 3454のうち、呼び厚さがスケジュール40以上の管とします。 ②管継手は、ねじ込み式、溶接式のフランジ継手またはねじ込み式管継手を用いる。
加圧送水装置		①地上11階以上で高さが70mを超える建物は湿式とすると共に加圧送水装置を設ける。 ②ポンプ吐出量は、当該設置個数最大数（最大を3とする）に800L/minを乗じた量以上とする。
非常電源		非常電源を附属し2時間以上作動すること。
11階以上の放水口		放水口は、双口形とする。
ホース格納箱		①11階以上には放水用器具を格納した箱を設置する。（ホース20m×4本、筒先2本以上） ②格納箱は1の直通階段で階数3以内ごとに1の放水口から歩行距離5m以内で有効に消火活動ができる位置。

■主管内径の特例を適用する場合の水力計算

主管径を100A未満にする場合は、次の水力計算式に選定した100A未満の主管径（65A以上に限る。）の流量に対する数値を入れて、設計送水水頭の値を求め、その値が160m以下である場合に、選定した100A未満の主管径とすることができる。

送水水頭の上限≧設計送水水頭＝配管等の摩擦損失水頭＋落差＋ノズル先端水頭
$160 = H_{max} \geq H = (h1+h2+h3+h4+h5)/100 + ha + n(100)$

H max:160m（1.6MPa）
h1:送水口（130m≒38.3×3.4）
h2:L1（配管直管＋管継手等）×a
h3:L2（配管直管＋管継手等）×b
h4:放水口（177m≒22×8.04）
h5:ホース等（1177m≒25×40m＋22×8.04
ha:落差（地盤面から最上階の放水口までの高さ）
n:フォグガンのノズル先端水頭　100m（1.0MPa）

■配管（JIS G 3454, Shc40）の摩擦損失水頭　　（100m当たり）

	配管流量（L/min）	呼び径65A	呼び径80A	呼び径100A
a:	800	28.97m	12.67m	3.40m
b:	400	8.04m	3.51m	0.94m

6-6 スプリンクラー設備

火災を自動的に感知して散水し消火をします

> **Point**
> ● 欧米では火災報知設備より優先して取り付けることが義務付けられています。
> ● 設備のコストは最も高いが、火災時の安全を図るにはよい設備です。
> ● 大量の人命にかかわる事態が懸念される場所で使用されます。

設計の手順

設置要否の確認後、設置が必要となった場合、次の手順により設計作業を進めていきます。

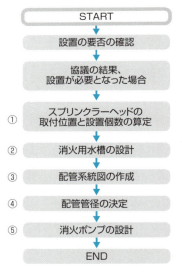

①**スプリンクラーヘッドの取付位置**

スプリンクラーヘッドの取付位置は、消防法に規定される建物の各部から1個のヘッドまでの水平距離に基づいて決定します。
設置数は、設置位置を中心に規定の水平距離で描く円に、各部のすべてが包含される数とします。

②**消火用水槽の設計**

消火用水槽(水源)の有効容量は以下の通りです。

V ≧ 1.6 ×ヘッドの設置個数 (N または同時開放数)

③**配管系統図の作成**

ヘッドの配置を正確に決定後、着手します。
配管の長さ、継手、弁類の種類や数量は配管の摩擦損失水頭を求めるうえで正確さが要求されますので分かりやすく立体的に書きます。

④**配管管径の決定**

配管の管径は、受持つスプリンクラーヘッドの個数に基づいて決定します。

⑤消火ポンプの設計

スプリンクラー設備の技術基準にしたがいます。

住宅用スプリンクラー設備設置の要否フローチャート

■共同住宅用スプリンクラー設備のフローチャート

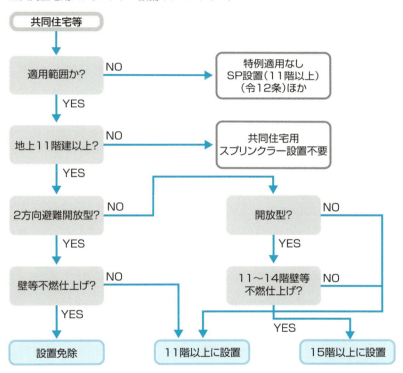

【適用範囲および建築構造上の要件】
・(5)項ロ、(16)項ロまたは令8区画の防火対象物である。
・主要構造部が耐火構造である。
・共用部分の壁、天井の仕上げが不燃材料または準不燃材料。
・住戸等と他の住戸等を開口部のない耐火構造の床または壁で防火区画されている。また住戸等と共用部分も同様とし、当該住戸等と共用部分との間に設ける出入口、窓等の開口部には防火措置を講じる。
・光庭のうち特定光庭に面する開口部に防火上の措置がされている。

スプリンクラー設備の技術基準

項目			スプリンクラー設備
			内容
放水型ヘッド等の設置基準	ヘッドの性能		放水型ヘッド等は、放水区画の床面積1㎡につき5L/minで計算した水量が放水されるように設けます。(小型ヘッド)ただし、指定可燃物の場合は10L/minとします。(大型ヘッド)
	ヘッドの取付条件	固定式	1つの放水区域は、その床面積が100㎡以上となるように設定します。ただし、高天井となる部分の面積が200㎡未満の場合にあっては、1つの放水区域の面積を100㎡未満とすることができます。
			2つ以上の放水区域を設けるときは、火災を有効に消火できるように隣接する放水区域が相互に重複するようにします。
		可動式	放水区域は、高天井となる部分の床面を可動式ヘッドの放水により有効に包含し、かつ、当該部分の火災を有効に消火できるよう設けます。
	感知部		感知部は、当該感知器の種別に応じ、火災を有効に感知するように設けます。ただし、警戒区域内の自火報の感知器の火災信号と連動して、放水部から放水できる機能を有する場合は、感知部を設けないことができます。
	連動		当該警戒区域で火災が発生した場合は、その区域を受信部に表示すると共に、放水を自動的に開始することができるものであること。
			放水区域の選択および放水操作は、手動でも行えること。

水源水量は、下表により算出した個数に1.6㎡を乗じて得た量以上を設けます。また、小区画ヘッドについては1㎡を乗じて得た量以上(ラック式倉庫のうち等級がⅢまたはⅣのもので水平遮蔽板が設けられているものにあっては2.28㎡、その他のものにあっては3.42㎡を乗じて得た量以上)を設けます。ただし、ヘッドの設置個数が表の個数に満たないときは、当該設置個数とします。

				同時開放個数				
	防火対象物の区分		天井高 H(m)	高感度型 1種r2.6以上	(従来型)		小区画型 1種r2.6特	側壁型 1種側壁
					1種r2.3	2種r2.3		
水源水量 閉鎖型ヘッド	(a)倉庫(14)項のうちラック式倉庫	等級Ⅰ、Ⅱ、Ⅲ	—	使用不可	24[*3]	30[*3]	使用不可	
		等級Ⅳ	—		16[*3]	20[*3]		
	(b)指定可燃物の貯蔵、取扱		H≦6	20	—	20		
	(c)地下街(16の2)項	事務所、店舗等	H≦6	12	—	15		
		地下道	H≦10	12	—	15		
	(d)準地下街(16の3)項[*2]		H≦6	12	—	15		
	(e)百貨店(4項)1000㎡以上の小売店を含む)複合用途の百貨店	通路、階段その他類する部分	H≦10	12	—	15		
		上記以外の部分[*2]	H≦6	12	—	15		

6-6 スプリンクラー設備

項目					スプリンクラー設備				
					内容				
		防火対象物の区分		天井高 H(m)	同時開放個数				
					高感度型 1種r2.6以上	(従来型)		小区画型 1種r2.6特	側壁型 1種側壁
						1種r2.3	2種r2.3		
水源水量	閉鎖型ヘッド	(f)百貨店以外の小売店、展示場等。複合用途の百貨店以外の小売店、展示場等の部分	10階以下の対象物	通路階段その他の部分 H≦10	8	—	10	使用不可	
				上記以外の部分 H≦6	8	—	10		
			11階以上の対象物	通路階段その他の部分 H≦10	12	—	15		
				上記以外の部分 H≦6	12	—	15		
		(g)令別表(5)、(6)項及び複合用途の(5)項、(6)項該当部〔旅館、ホテル、病院、福祉施設、養護学校〕	10階以下の対象物	宿泊室等 H≦10	8	—	10	8[*4]	8
				廊下通路等 H≦10	8	—	10	使用不可	8
			11階以上の対象物	宿泊室等 H≦10	12	—	15	12[*4]	12
				廊下通路等 H≦10	12	—	15	使用不可	12
		(h)上記(a)〜(g)以外の防火対象物	10階以下の防火対象物	H≦10	8	—	10	使用不可	
			11階以上の防火対象物	H≦10	12	—	15		
		乾式または予作動式の流水検知装置が設けられている設備の同時開放個数			上記個数に1.5を乗じて得た個数				
水源水量	放水型ヘッド等	固定式ヘッド	最大放水区域のヘッド個数の当該ヘッドの1分間当りの放水量で20分間放水することができる量						
		可動式ヘッド	当該ヘッドの1分間当たりの放水量が最大となる場合における放水量で、20分間放水することができる量						
	開放型ヘッド	舞台部が防火対象物の10階以下の階に存するとき	最大放水区域のヘッド個数に1.6㎡を乗じて得た水量						
		舞台部が防火対象物の11階以上の階に存するとき	設置個数が最も多い階の個数に1.6㎡を乗じて得た水量						

6-6 スプリンクラー設備

項目		スプリンクラー設備
		内容
放水量		ヘッドの放水圧力および放水量は、前表により算出した個数のヘッドを同時に使用した場合に、それぞれの先端の放水圧力が、0.1MPa以上、1MPa以下の範囲内で、かつ放水量が80L/min以上（ラック式倉庫にあっては114L/min以上。）であること。ただし、小区画型ヘッドについては、放水量が0.1MPa以上、1MPa以下の範囲内で、かつ50L/min以上であること。
加圧送水装置	ポンプ方式	①水源の水位がポンプより低い場合には、ポンプを有効に作動できる容量の専用呼水槽（減水警報および自動補給水装置付）を設けること。 ②吸水管は、ポンプごとに専用とし、濾過装置（フート弁に附属するものを含む）を設ける水源水位がポンプより低い場合はフート弁を、その他のものにあっては止水弁を設けること。なお、フート弁は容易に点検を行うことができるものであること。 ③ポンプの吐出量は、ヘッドの同時開放個数に90L/min（小区画型ヘッドにあっては60L/min、ラック式倉庫にあっては130L/min）を乗じて得た量以上の量とすること。 ④ポンプの全揚程は、次式により求めます。 $H=h1+h2+10m$ H:ポンプの全揚程(m) h1:配管の摩擦損失水頭(m) h2:落差(m) ⑤ポンプの吐出量が定格の150%における全揚程は、定格の65%以上であること。 ⑥ポンプは専用とする。ただし、他の消火設備と兼用する場合で、それぞれの設備の性能に支障を生じないものにあってはこの限りではない。 ⑦ポンプには、吐出側に圧力計、吸込側に連成計を設けること。 ⑧ポンプには、性能試験装置（定格運転試験）および締切運転時の水温上昇防止用逃がし配管を設けること。 ⑨原動機は、電動機（モーター）を使用すること。
	高架水槽方式	①落差（高架水槽の下端からヘッドまでの垂直距離）は、次式により求める。 $H=h1+10m$ H:必要な落差(m) h1:配管の摩擦損失水頭(m) ②高架水槽には水位計、排水管、溢水用排水管、補給水管、およびマンホールを設けること。

*1 天井高10mを超える場合には、放水型ヘッド等（散水ヘッド、放水銃等）を使用。散水密度10L/min・㎡以上。
*2 天井高6mを超える場合には、放水型ヘッド等（散水ヘッド、放水銃等）を使用。散水密度5L/min・㎡以上。
*3 予作動式は不可。
*4 乾式、予作動式は不可。

6-6 スプリンクラー設備

スプリンクラー設備の設置技術基準

ヘッド種別	閉鎖型				開放型
	標準型 *1	高感度型 *2	小区画型	側壁型	
設置対象	劇場、観覧場、公会堂、集会場、宿泊所、病院・診療所、各種施設等または11階以上の階、但し、開放型、放水型設置対象部分をのぞく。	宿泊室、病室	宿泊室、宿泊室や病院の廊下および通路部分		舞台部、スタジオ
有効散水半径	2.3m以下（耐火建築物）／2.1m以下（耐火建築物以外）	2.6m以下（耐火建築物）／2.3m以下（耐火建築物以外）	2.6m以下(1つのヘッドにより防護される部分の面積は13㎡以下)	水平方向両側1.8m、かつ前方3.6mの範囲内	1.7m以下
放水圧力	0.1～1.0MPa				
放水量	80L／min以上		50L／min以上	80L／min以上	
同時開放数 (N) *3	10(地上10階以下)／15(地上11階以上)	8(地上10階以下)／12(地上11階以上)			
ポンプ吐出量 (L／min)	N×90以上		N×60以上	N×90以上	(最大放水区域設置個数)×90(地上10階以下)／(設置個数の最も多い階の個数)×90(地上11階以上)
水源の規定水量 (㎥)	N×1.6以上		N×1.0以上	N×1.6以上	(最大放水区域設置個数)×1.6以上(地上10階以下)／(設置個数の最も多い階の個数)×1.6以上(地上11階以上)

*1 標準型とは、標準型ヘッドのうち感度種別が1種または有効散水半径が2.3であるもの。
*2 高感度型とは、標準型ヘッドのうち感度種別が1種でかつ有効散水半径が2.6であるもの。
*3 乾式又は予作動式の流水検知装置が設けられているスプリンクラー設備の同時開放数は、表中の数値に1.5を乗じて得た個数とする。ただし、設置個数がそれぞれ本表の値未満の場合は、当該設置個数とする。

○管径とヘッド取付数（配水管または枝管） 東京消防庁技術基準

ヘッドの合計個数	2個以下	3個以下	5個以下	10個以下	20個以下	30個以下
管径 (A)	25A以上	32A以上	40A以上	50A以上	65A以上	80A以上

6-7 連結散水設備

あらかじめ配置してある散水ヘッドに消防隊が水を送り消火を図る設備です

> **Point**
> ●消火活動上必要な施設の1つです。
> ●散水ヘッド、配管、弁類および送水口から構成されています。
> ●消防ポンプ車から送水口を通じて送水し、散水ヘッドから放水します。

生活環境と水

設置要否の確認後、設置が必要となった場合、次の手順により設計作業を進めていきます。

①**散水ヘッドの取付位置と設置数の決定**

散水ヘッドの設置間隔、送水口およびその取付位置を決定します。**連結散水設備の技術基準**を参照してください。

②**配管系統図の作成**

送水口、散水ヘッドの配置を正確に決定したうえで、配管系統図の作成に着手してください。配管を正確に分かりやすく立体的に書きます。

③**配管管径の決定**

散水ヘッドの取り付け個数に応じ、決定します。

④**摩擦損失水頭の確認**

送水口から最遠の散水ヘッドまでの**摩擦損失水頭は 50m 以下**とします。この場合の散水ヘッド1個当たりの流量は、放水圧 5.0kgf/cm²で 180L/min として、屋内消火栓設備の場合と同様に計算します。

摩擦損失水頭が基準をオーバーした場合は、③に戻り管径サイズを大きくして再度損失水頭を確認します。

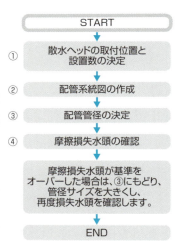

連結散水設備の技術基準

【規則30条】

項目	内容
散水ヘッド配置	<table><tr><td>ヘッド種類</td><td>水平距離(m)</td><td>1の送水区域のヘッド数</td></tr><tr><td rowspan="2">閉鎖型散水ヘッド</td><td>2.3m(耐火構造)</td><td rowspan="2">20以下</td></tr><tr><td>2.1m(地下街)</td></tr><tr><td>開放型散水ヘッド</td><td>3.7m</td><td>10以下</td></tr></table> ①散水ヘッドを傾斜した天井または屋根の下面に設ける場合、ヘッドの軸心が取付面に対して直角になること。 ②散水ヘッドは開放型または閉鎖型いずれか1つの種類とします。 ③消防庁長官が定める基準に適合するものであること。
選択弁	選択弁を設ける場合は送水口附近に設けること。
送水口位置	送水口は、消防ポンプ自動車が容易に接近できる位置に設けます。
配管	①管継手バルブ類の材質は、JIS G 5101またはG 5702に適合しまたは同等以上の強度、耐蝕性および耐熱性を有するもの。 ②管は亜鉛メッキ他、耐食措置を講じたもの。 ③管の接続は、ねじ接続とします。(差込溶接式や耐熱措置を講じたフランジ継手等を使用するときはこの限りでない。) ④配管の支持金具は堅牢で耐熱性のもの。 ⑤ヘッドの個数に応じ管径は下表によります。 | 散水ヘッドの個数	1個	2個	3個	4個〜5個	6個〜10個以上
---	---	---	---	---	---
管の呼径	32A以上	40A以上	50A以上	65A以上	80A以上	
送水口	①送水口は双口形のものとする。 ②地盤面からの高さ0.5m以上1.0m以下または、地盤面からの深さが0.3m以内の箇所に設けること。 ③送水口は、見易い箇所に連結散水設備の送水口である旨を表示した標識を設け送水区域、選択弁、送水口を明示した系統図を設けること。

6-8 水噴霧消火設備

水を霧状に噴射し、油火災等を鎮圧する設備です

> **Point**
> ●屋外タンクなどの容器にも、水を噴霧することでタンクの損傷による火災の拡大を防ぐ効果があります。
> ●天井の高い空間では、不向きです。

設計の手順

設置要否の確認後、設置が必要となった場合、次の手順により設計作業を進めていきます。

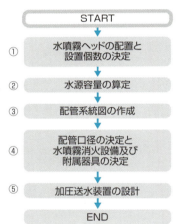

①水噴霧ヘッドの配置と設置個数の決定

水噴霧ヘッドの配置は、防護対象物の全表面を噴霧が覆うよう配置します。水噴霧ヘッドは用途により、構造、放水圧、放水角、放水量、有効射程、噴霧粒子径などの性能が異なり、種類も多くあります。一般に使用されるヘッドは、放水圧1～7kg f/cm²、放水量20～200L/min、放水角度45°～120°です。

②水源容量の算定

床面積50m²以下の有効容量は、

V=床面積×標準放射量×20分以上

床面積50m²以上の有効容量は、

V=50m²×標準放射量×20分以上

です。

③配管系統図の作成

機器類の配置を正確に決定後着手します。配管の長さ、継手、弁類の種類や数量は配管の摩擦損失水頭を求めるうえで正確さが要求されます。

6-8 水噴霧消火設備

④配管口径の決定と水噴霧消火設備および付属器具の決定
⑤加圧送水装置の設計

水噴霧消火設備の技術基準を参照してください。

水噴霧消火設備の技術基準

【令14条、規則16条・17条・32条】

配置間隔と設置位置	水噴霧ヘッドの配置	防護対象物の全表面を噴霧が覆うように配置する。
	放水圧力	消火用　3.5kg/cm²
		防護用　1.0kg/cm²
	放水角度	45～120°
	放水量（面積当り）	①準危険物・特殊可燃物を貯蔵、取扱場所10L/min・m²
		②駐車の用に供される部分20L/min・m²
水源容量		①床面積50m²以下・・・床面積×標準放水量×20分以上
		②床面積50m²以上・・・50m²×標準放水量×20分以上
ポンプ	吐水量	$Q(L/min) \geqq q \times N$ q:ヘッド1個当たりの流量（L/min） N:同時に放水するヘッド数
	全揚程	$H \geqq h1 + h2 + h3 (m)$ h1:ヘッドの放水圧換算水頭(m) h2:ポンプからヘッドまでの配管摩擦損失水頭(m) h3:フート弁からヘッドまでの落差水頭(m)
	電動機容量(kw)	$Ps = (Q \times H) / (6120 \times E)$ $KW = 1.1 \times (Ps/K)$ Q:ポンプの定格吐出量(L/min) H:ポンプの全揚程(m) K:伝導効率(電動機の場合は1.0) E:定格吐出量におけるポンプ効率
配管	管材	①圧力配管用炭素鋼鋼管（JIS G 3454）を使用する ②管継手は、ねじ込み式、溶接式のフランジ継手または、ねじ込み式管継手を用いる。
	主管	管径は、開放形スプリンクラー設備に準拠。
備考		*駐車の用に供される部分の排水設備に注意してください。 *床面の勾配は、2/100以上とする。 *車場所には、車路に接する部分を除き、高さ10cm以上の区画境界堤を設ける。 *油分離装置付の消火ピットを設ける。 *車路に排水溝を設け、かつ、長さ40mごとに1個の集水管を設置し消火ピットに連結する。

第6章　消火設備

6-9 泡消火設備

消火能力が高く、油火災に威力を発揮するため、駐車場などに使用されます

> **Point**
> ●水を含んだ泡を用いるため、コンピュータ関連の部屋や電気施設には適しません。
> ●泡放出口にはいろいろな種類があります。一般には「フォームヘッド」です。
> ●泡放出口から放出する際に空気を吸い込み泡を形成して燃焼面を覆います。

設計の手順

設置要否の確認後、設置が必要となった場合、次の手順により設計作業を進めていきます。

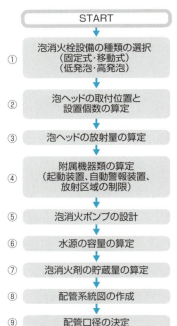

① 泡消火栓設備の種類の選択

泡消火設備には**固定式**と**移動式**があります。また、泡の膨張比によって、低発泡と高発泡にも区分されます。固定式は泡ヘッドを設置し、移動式は屋内消火栓のようにホース・ノズルを内蔵した泡消火栓を設置します。

② 泡ヘッドの取付位置と設置個数の算定

泡ヘッドは、防火対象物の種別に応じて設置します。泡ヘッドの設置間隔と取付高さは、泡ヘッドの種類に応じて配置します。

③ 泡ヘッドの放射量の算定

防火対象物および泡消火剤の種別に応じて算定します。

④ 付属機器類の算定

起動装置、自動警報装置、放射区域の制限を算定します。

⑤ 泡消火ポンプの設計

泡消火ポンプの吐出量を以下の式にしたがって算出します。

泡ヘッドの場合

$Q \geqq q \times N$

高発泡用泡放出口の場合

全域放出方式 …… $Q \geqq qv \times v$

局所放出方式 …… $Q \geqq qs \times S$

Q: ポンプの吐出量 (L/min)、q: 泡ヘッドの放射量 (L/min)、N: 最大面積に設ける泡ヘッド数、qv: 放射量 (L/min)、qs: 放射量 (L/min)、v: 防護区域の冠泡体積 (㎥)、S: 防護区域の面積 (㎡)

* ポンプの全揚程は、水噴霧消火設備に準拠。
* 配管の摩擦損失水頭計算は、スプリンクラー設備に準拠。

⑥ **水源の容量の算定**

水源の容量 V(㎥) を以下の式にしたがって算出します。

泡ヘッドの場合

$V \geqq Q \times 10 \times 10^{-3}$

高発泡用泡放出口の場合

全域放出方式 …… $V \geqq q \times v$

局所放出方式 …… $V \geqq Q \times 20 \times 10^{-3}$

Q: ポンプの吐水量 (L/min)、q: 冠泡体積当たりの泡水溶液量 (㎥/㎥)、v: 冠泡体積 (㎥)

⑦ **泡消火剤の貯蔵量の算定**

泡消火剤の貯蔵量 Wf(㎥) は式にしたがって算出します。

$Wf \geqq V \times \mu$

V: 水源容量 (㎥)、μ: 泡消火剤の希釈容量濃度 (0.03 または 0.06)

⑧ **配管系統図の作成**
⑨ **配管口径の決定**

泡消火設備の技術基準

【令15条、規則18条・32条】

		泡消火設備	
		フォームヘッド	泡消火栓
設置基準	設置位置	床面積9㎡に1個以上設置。（散水障害の起きないように注意する）	消火栓を中心に半径15mの円で全ての床面積が覆われるように設置する。
	放水圧力	1kg/c㎡以上10kg/c㎡以下	1kg/c㎡以上10kg/c㎡以下
	放水量（放射量）	泡消火薬剤種別　（1㎡当たり） 水成膜　3.7L/min以上 合成界面活性剤　8.0L/min以上	100L/min
ポンプ	吐出量（L/min）	上記放水量×面積が最大の放射区域のヘッド総数	100×消火栓設置個数（最大2）以上
		フォームヘッドと泡消火栓が併設されている場合で、同一階に併設されている場合は両者の合計、異なる階に併設されている場合は大なる方の吐出量とする。	
	全揚程	水噴霧消火設備に準拠。	
水源水量		上記ポンプの吐出量10分間以上	1.5×消火栓設置個数（最大2）以上
		フォームヘッドと泡消火栓が併設されている場合は、ポンプ吐出量の考え方に準拠。	
放射区域		放射区域の面積は、50㎡以上、100㎡以下。	
配管	管材	①圧力配管用炭素鋼鋼管（JIS G 3454）を使用する。 ②管継手は、ねじ込み式、溶接式のフランジ継手または、ねじ込み式管継手を用いる。	
	主管	管径は、開放形スプリンクラ設備に準拠。 ただし、摩擦損失水頭が大きすぎる場合は管径を大きくする。	

泡消火設備の設置技術資料

■泡消火設備の種類

設備の方式	泡放出口		分類
固定式	泡ヘッド	フォームウォータスプリンクラヘッド	低発泡
		フォームヘッド	
	高発砲用泡放出口		高発泡
移動式	泡ノズル		低発泡

*低発砲:膨張比が20以下の泡。
*高発砲:膨張比が80以上100未満の泡。

■泡ヘッドの適用防火対象物

防火対象物の種類	泡ヘッドの種類
航空機の格納庫および屋上部分の発着場	フォームウォータスプリンクラヘッド
駐車場、修理工場等	フォームヘッド
準危険物または特殊可燃物を貯蔵し、または取り扱うもの	フォームウォータスプリンクラヘッド フォームヘッド

*フォームヘッドは日本消防設備安全センターの認定品。
*フォームウォータスプリンクラヘッドの標準放射量は75L/min。

■フォームヘッドの放射量

防火対象物またはその部分	泡消火薬剤	放射量(L/min・㎡)
駐車場、修理工場等	たん白泡消火薬剤	6.5
	合成界面活性剤泡消火薬剤	8
	水成膜泡消火薬剤	3.7
第1類、第2類、第4類の準危険物または特殊可燃物を貯蔵し、または取り扱うもの	たん白泡消火薬剤	6.5
	合成界面活性剤泡消火薬剤	6.5
	水成膜泡消火薬剤	6.5

■高発砲用泡放出口の泡水溶液放出量   (全域放出方式)

防火対象物またはその部分	膨張比による種別	放出量(L/min・㎡)
航空機の格納庫 屋上部分の回転翼航空機の発着場	第1種	2.00
	第2種	0.50
	第3種	0.29
駐車場、修理工場等	第1種	1.11
	第2種	0.28
	第3種	0.16
第1類、第2類、第4類の準危険物または特殊可燃物を貯蔵し、または取り扱うもの	第1種	1.25
	第2種	0.31
	第3種	0.18
特殊可燃物を貯蔵し、または取り扱うもの	第1種	1.25

*第1類準危険物:亜塩素酸塩類、臭素酸塩類等。 *第2類準危険物:油紙類および油布類、油かす等。
*第4類準危険物:ラッカー、松やに、パラフィン等。

6-10 粉末消火設備

凍結の恐れがある場所等ではよく用いられます

Point
- 移動式は、設置の容易性と経済性から駐車場によく使用されます。
- 使用する消火薬剤が粉末でそれ自体には消火能力も噴出圧力もないため、加圧源が必要です。

設計の手順

設置要否の確認後、設置が必要となった場合、次の手順により設計作業を進めていきます。

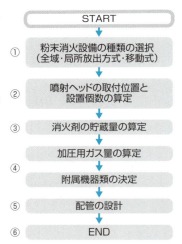

① **粉末消火設備の種類の選択**

全域放出方式、局所放出方式、移動式があります。

② **噴射ヘッドの取付位置と設置個数の算定**

③ **消火剤の貯蔵量の算定**

消火剤は、法で規定されています。

④ **加圧用ガス量の算定**

一般には、窒素ガスを使用します。

⑤ **付属機器類の決定**

消火剤貯蔵容器、圧力調整器、安全弁、区画選択弁、制御盤、手動起動装置などを決定します。

⑥ **配管の設計**

配管材や弁類を決定し、配管の分岐は、放射圧が均一となるようにすべてトーナメント形式とします。分岐は上流側にある屈曲部から分岐点までの長さを管径の20倍以上とします。

6-10 粉末消火設備

粉末消火設備の技術基準

【令18条、規則21条・32条】

		全域放出方式	局所放出方式
噴射ヘッド		● 放射された消火剤が防護区画の全域に均一に、かつ、速やかに拡散するように設ける。 ● 消火剤の量(下表参照)を30で除して得られた量以上の量を毎秒当りの放射量として放射できるもの。 ● 噴射ヘッドの放射圧力は、1kgf/cm²以上であること。 ● 移動式設備の配置で、ホース接続口は、防護対象物の各部分から15mの水平距離以内に設ける。	● 全域放出方式の噴射ヘッドの基準による。 ● 有効射程内に防護対象物が入るように設ける。 ● 危険物が飛散しない箇所に設ける。
消火剤	貯蔵量	消火剤の貯蔵量W(kg) $W≧α×V+β×s$ α:防護区画体積1m³当りの消火剤量(kg/m³) V:防護区画の体積(m³) β:開口部面積1m²当りの追加消火剤量(kg/m²) s:開口部の面積(m²)	● 消火剤の貯蔵量W(kg) 火災時、燃焼面が一面に限定され、かつ、可燃物が飛散する恐れのない場合は、 $W≧γ×S×1.1$ γ:単位表面積当りの消火剤量(kg/m²) S:防護対象物の表面積(m²) ● 前記以外の対象物の場合 $W≧(X-Y×a÷A)×V×1.1$ X、Y:下表を参照 | 消火剤の種別	−1 単位表面積当たりの消火剤の量γ(kg/m²)	−2 X	−2 Y | |---|---|---|---| | 1種 | 8.8 | 5.2 | 3.9 | | 2種 | 5.2 | 3.2 | 2.4 | | 3種 | 5.2 | 3.2 | 2.4 | | 4種 | 3.6 | 2 | 1.5 | a:防護対象物周囲の実際にある壁の合計面積(m²) A:防護空間の壁の面積(壁のない部分は壁があると仮定した面積)(m²) V:防護空間の体積(m³) ● 通信機器室の場合 $W≧(X-Y×a÷A)×0.7×V×1.1$ ただし、X・Y・a・A・Vは前記と同じ。
	放射時間	30秒以内	
加圧用ガスの量		加圧用ガス量G(L) $G≧40×W$ (窒素ガス使用の場合) $G≧(20×W)×2$ (二酸化炭素使用の場合) ただし、W:消火剤の貯蔵量(kg)	
配管	管材	①圧力配管用炭素鋼鋼管(JIS G 3454)を使用する。 ②管継手は、ねじ込み式、溶接式のフランジ継手または、ねじ込み式管継手を用いる。	
	弁類	ボール弁を使用します。	
備考		● 移動式の消火剤の貯蔵量W(kg)は、$W≧α×n$ で求める。 　ただし、α:単位ノズル当りの消火剤の量(kg) n:ノズルの数 ● 移動式のホースの長さは、20m以上とする。	

粉末消火設備の設置技術資料

■粉末消火剤重量当たりの貯蔵容器の内容量

消火剤の種別	消火剤当りの内容量(L/kg)
第1種粉末(炭酸水素ナトリウムを主成分とするもの)	0.80
第2種粉末(炭酸水素カリウムを主成分とするもの)	1.00
第3種粉末(りん酸アンモニウムを主成分とするもの)	1.00
第4種粉末(炭酸水素カリウムと尿素の反応生成物)	1.25

■粉末消火設備(全域放出方式)の消火剤貯蔵量算出基準値

消火剤の種別	防護区画体積当たりの消火剤量 α(kg/m³)	開口部面積当たりの消火剤量 β(kg/m²)
第1種	0.60	4.50
第2種	0.36	2.70
第3種	0.36	2.70
第4種	0.24	1.80

■粉末消火設備(局所放出方式)の消火剤貯蔵量算出基準値

消火剤の種別	−1 単位表面積当たりの消火剤の量 γ(kg/m²) X	−2 X	−2 Y
第1種	8.8	5.2	3.9
第2種	5.2	3.2	2.4
第3種		3.2	2.4
第4種	3.6	2.0	1.5

■移動式粉末消火設備の単位ノズル当たりの消火剤の量とノズルの放射量

消火剤の種別	消火剤の量(kg)	ノズルの放射量(kg/min)
第1種	50	45
第2種	30	27
第3種	30	27
第4種	20	18

6-11 消火器設備

誰でも知っている初期の火災を消すための可搬式の消防用設備です

Point
- 一般的に普及しているのは、加圧式ABC粉末消火器です。
- 1981年規格改正により操作法が規格統一され、誰でも使用できます。
- ①安全栓を抜く、②ノズルを火元に向ける、③レバーを握るの操作です。

消火器の設置基準

防火対象物の区分A〜Gに該当する行に、消火器の設置個数の算出式が示されています。ただし、この数値は最低設置数ですので注意してください。

消火器の設置基準

■消火器の設置個数算出基準

防火対象物の区分		能力単位の算出式	備考
A	面積のいかんにかかわらず設けるもの	能力単位の数値の合計数≧延べ面積または床面積/50㎡	1) 主要構造部が耐火構造で、かつ内装制限した防火対象物は、算出式の分母の面積を2倍とする。 2) 火災区分に適応する消火器を設置する。 3) 階ごとに設置するとともに、防火対象物の各部分から歩行距離20m以内に設置する。 4) 電気設備がある場所、多量の火気を使用する場所に設けるものはF及びGによる。なお、この場合には設備のある各部分から歩行距離20m以内に設置する。 5) 指定可燃物の数量が単位数量の500倍以上となる場合には、適応する大型消火器を階ごとに設置するとともに、防火対象物の各部分から歩行距離30m以内に設置する。なお、A〜Dと同一となる場合には大型消火器の有効範囲内は能力単位を1/2に減少できる。
B	延面積150㎡以上のもの、または床面積50㎡以上のもの	能力単位の数値の合計数≧延べ面積または床面積/100㎡	
C	延面積300㎡以上のもの、または床面積50㎡以上のもの	能力単位の数値の合計数≧延べ面積または床面積/200㎡	
D	少量危険物を貯蔵し、または取り扱うもの	能力単位の数値の合計数≧危険物の数量/危険物の指定数量	
E	指定可燃物を貯蔵し、または取り扱うもの	能力単位の数値の合計数≧指定可燃物の数量/指定可燃物の単位数量×50	
F	電気設備のある場所	床面積100㎡毎に1個以上設定する	
G	ボイラ室等多量の火気を使用する場所	能力単位の数値の合計数≧その場所の床面積/25㎡	

■消火器性能寸法表

型	消火薬剤の種類	薬剤量	能力単位	放射時間約(sec)	放射距離(m)	総重量	全高(mm)	全幅(mm)
小型6型	強化液	6.0L	A-2・B-1・C	43	5〜10	12kg	660	210
小型6型	機械泡	6.0L	A-2・B-12	53	3〜6	11.8kg	630	230
小型7型	二酸化炭素	3.2kg	B-2・C	16	2〜4	12kg	540	270
小型10N型	粉末	3.0kg	A-3・B-7・C	13	3〜6	6kg	510	220
小型10型	粉末	3.5kg	A-3・B-7・C	17	3〜6	6.4kg	520	220
大型50型	粉末	20.0kg	A-10・B-20・C	35	5〜9	46kg	840	360
	大型消火器は車載式であるので、上記寸法のほか、奥行は約400mmである。							

*表の放射時間、放射距離は温度20℃における場合のものである。

第6章 消火設備

6-11 消火器設備

屋内消火栓箱(ホース格納箱)には、種類がたくさんありメーカーにより外形寸法にも多少の差があります。その代表的なものを示します。

屋内消火栓箱

単独型　　火報組込型　　火報・非常コンセント・消火器組込型

種別および組合せ		消火栓弁放水口	ノズル	ホース	外形寸法 H×W×D
単独型	屋内消火栓(1号)	40φ:1個	13φ×40φ:1本	40φ×15m:2本	1050×700×200
	屋内消火栓(1号) 放水口併設	40φ:1個	13φ×40φ:1本	40φ×15m:2本	1050×750×230
		65φ:1個			
	屋内易操作性1号消火栓	32φ:1個	13φ×32φ:1本	32φ×30m:1本	1000×650×250
	屋内消火栓(2号)	25φ:1個	8φ×25φ:1本	25φ×20m:1本	900×750×200
	屋外消火栓ホース格納箱	65φ:1個	19φ×65φ:1本	65φ×20m:2本	1300×900×250
	放水口	65φ:1個	設けない	設けない	500×400×240
	放水口(表示灯組込)	65φ:1個	設けない	設けない	700×400×240
火報組込型	屋内消火栓(1号)	40φ:1個	13φ×40φ:1本	40φ×15m:2本	1350×700×200
	屋内消火栓(1号) 放水口併設	40φ:1個	13φ×40φ:1本	40φ×15m:2本	1350×750×230
		65φ:1個			
	屋内易操作性1号消火栓	32φ:1個	13φ×32φ:1本	32φ×30m:1本	1300×650×250
	放水口	65φ:2個	19φ×65φ:1本	65φ×20m:2本	1500×900×240
	屋内消火栓(1号) 放水口併設	40φ:1個	13φ×40φ:1本	40φ×15m:2本	1500×900×300
		65φ:2個	19φ×65φ:1本	65φ×20m:2本	
	屋内消火栓(1号) 放水口併設	40φ:1個	13φ×40φ:1本	40φ×15m:2本	1500×900×400
		65φ:2個	19φ×65φ:1本	65φ×20m:2本	
火報・非常コンセント・消火器組込型	屋内消火栓(1号) 放水口併設	40φ:1個	13φ×40φ:1本	40φ×15m:2本	1500×1200×350
		65φ:2個	19φ×65φ:1本	65φ×20m:2本	

＊上表中の外形寸法は、メーカーによって若干異なる。

第 7 章

ガス設備

ガスには、都市ガスとLPガス(プロパンガス)の2種類があります。地域によってガス使用区分が分かれます。これらのガスを給湯や台所での燃焼器具へ供給するガス設備は、生活には欠かすことのできない設備です。

本章では、ガスの種類や特徴およびガスの安全性について解説します。

7-1 主なガス設備の専門用語

重要な用語を理解しましょう

Point
- ガス設備独自の専門用語があります。
- 都市ガス、LPガスの特性や特徴をマスターしましょう。
- ガスの安全対策も熟知しましょう。

ガス設備の専門用語

ガス設備を理解するうえで、必要な用語を解説します。

ウォッベ指数

供給ガスの**熱量(MJ)をその供給ガスの比重(空気を1とする)の平方根で割った値**で示されます。

都市ガスの種類を表す記号(ガスグループ)は数字とアルファベットの組み合わせで表現しています。数字は、熱量を比重の平方根で割ったウォッベ指数を、キロカロリー換算し1,000で割ったものを整数化したものにほぼ該当し、記号については、Aから順に早くなる燃焼速度を表します。Aは「遅い」(50cm/sec)、Bは「中間」(70cm/sec)、Cは「速い」(90cm/sec)です。

ガスの圧力

ガスの圧力には、**高圧**、**中圧**、**低圧**があります。一般の住宅やビルで使用されるものは低圧がほとんどで、高圧・中圧は、工業用やビル冷暖房用等、特にガスの消費量が多い場合や燃焼器の仕様により低圧より高い圧力が必要とされる場合に用いられます。

高圧 …… 圧力 1.0MPa 以上
中圧 …… 圧力 0.1MPa 以上 1.0MPa 未満
低圧 …… 圧力 0.1MPa 未満

一般的に供給されている低圧は 2.5kPa 以下です。

7-1 主なガス設備の専門用語

■ ガバナ（整圧器）

ガスを高い圧力から必要な圧力まで減圧するための装置です。

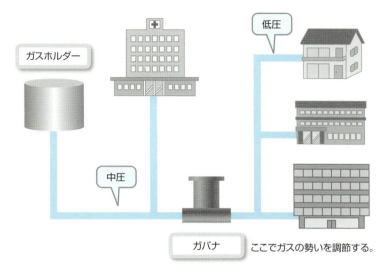

■ 引込み管ガス遮断装置

引込み管に設置し、危急の場合にガスの供給を遮断することができる装置です。

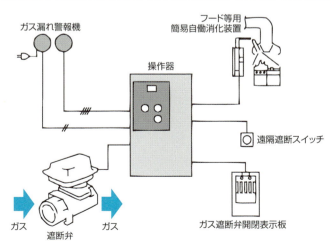

出典：東京ガス資料

7-1 主なガス設備の専門用語

昇圧防止装置

　都市ガスの比重は空気より軽いため、高層階への立上り管は、建物自体の高度差により圧力変化を生じます。ガスの静圧はガス事業者が定める供給圧力の上限を超える場合には、**昇圧防止器**を付けます。東京ガスの場合は、2.5kPaを超えると必要となります。**高度差の目安は44m以上**です。

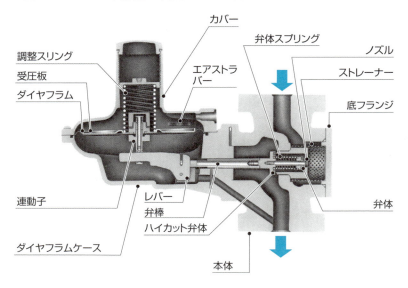

出典：伊藤工機株式会社 HP より抜粋

離隔距離

　ガス管と電線、ガス管と避雷導線等は、事故防止のため省令等で定められた**離隔距離**が必要となります。

　事故防止のため離隔距離が必要となり、省令等での規定がありますので注意が必要です。詳細については、(財)日本ガス機器検査協会編**ガス機器の設置基準および実務指針**に基づきます。

ガス設備の SI 単位について

平成 11 年 10 月 1 日より、単位が **SI 単位**に準拠することになりました。**発熱量は J**(ジュール)、**圧力は Pa**(パスカル)、**ガス消費量は W**(ワット)、**力は N**(ニュートン)の単位を用います。

		SI 単位	
	従来単位	SI単位	備考
圧力	kg/cm²	kPa	1kgf/cm²=98.0665kPa
	mmH₂O	Pa	1mmH₂O=9.80665Pa
	mmHg	kPa	1mmHg=0.13332kPa
発熱量	kcal/m³	kJ/m³	1kcal/m³=4.1865kJ/m³
ガス消費量	kcal/h	kw	1kcal/h=0.001163kw
	kg/h		1kg/h=13.96kw
力	kgf	N	1kgf=9.80665N
応力	kgf/mm²	N/mm²	1kgf/mm²=9.80665N/mm²

*接頭語について……k:(キロ)=10³、M:(メガ)=10⁶です。
*1kw=860kcal/hですので、kwをkcal/hに換算したい場合は860倍します。1kg/h=14kwとしていますので、kwをkg/hに換算したい場合は14で割ります。
*SI化にともなう規格値の読み替え
　18,000kcal/hまたは1.5kg/h⇒21kw
　36,000kcal/hまたは3kg/h⇒42kw
*ガス消費量(m³/h)の計算例
　ガス消費量(m³/h)を算出する場合、ガス発熱量MJ/m³ですからkwをMJ/hに直す必要があります。
　1kw=1kJ/s⇒3,600kJ/h=3.6MJ/hですので、ガス消費量を求める場合は以下の通りです。

7-2 都市ガスの種類

ガスの種類を理解しましょう

> **Point**
> - 都市ガスは地域ごとに種類が違います。必ず確認してください。
> - ガス機器には適合するガスの種類がラベル表示されています。
> - LPガスボンベは火気と2m以上の離隔距離を取ってください。

ガスの種類

　ガス機器は、その機器に適合した種類のガスでないと安定した燃焼ができず危険な事故のもととなります。ガス機器には適合すべきガスの種類が表示されています。使用される地区でのガスの種類の確認が必要で、必ずその種類に適合したガス機器を選定しなければなりません。全国で使用されているガスの種類と供給地区を下表に示します。

　ガス事業法では、これらの都市ガスを比重、熱量、燃焼速度の違いにより区分しています。全国で238のガス事業者(平成12年3月現在)があり、**ガスの種類は7種類**となっています。

ガスの種類

種類	ガスグループ	ウォッベ指数	燃焼速度の範囲
1	13A	52.7～57.8	35～47
2	12A	49.2～53.8	34～47
3	6A	24.5～28.2	34～45
4	5C	21.4～24.7	42～68
5	L1(6B、6C、7C)	23.7～28.9	42.5～78
6	L2(5A、5B、5AN)	19～22.6	29～54
7	L3(4A、4B、4C)	16.2～18.6	35～64

7-2 都市ガスの種類

主なガス事業者の供給ガスの種類

ガス事業者	ガスの種類	発熱量(MJ／m³)	供給区域
北海道ガス	13A	45	札幌市、石狩市、小樽市、千歳市、函館市、北見市など
東京ガス	13A	45	東京都、千葉県、神奈川県、埼玉県、栃木県、茨城県など
	12A	41	千葉県四街道市の一部
東邦ガス	13A	45	名古屋市、春日井市、東海市、岐阜市、知多市など
大阪ガス	13A	45	大阪市、神戸市、京都市、奈良市、大津市、和歌山市など
西部ガス	13A	45	福岡市、北九州市など
		46	熊本、佐世保、長崎、島原など

*必ずその地域のガス供給会社でガス種を確認してください。また天然ガスへの変換工事も進められていますので、切替完了時期も確認してください。

ガスの比重

空気を1とした時のガスの重さを表します。都市ガスは空気より軽いですが、プロパンガスは空気より重くなっています。

ガスの比重

空気を1とした時のガスの重さを表します。

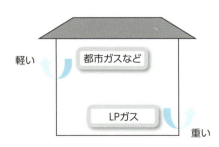

■ガスの比重の例

ガス	比重
13A	0.66
12A	0.66
5C	0.67
6A	1.24
LPガス(参考)	約1.5

7-3 ガス設備設計の手順

ガス設備の設計のフローを理解しましょう

Point
- 必ず事前調査でガス供給事業者と計画案について協議・確認をします。
- 本来はガス設備の工事は、ガス供給事業者の責任施工です。
- どんなことでもガス供給事業者と協議して設計を進めてください。

ガス設備設計の手順

①事前調査

建築の基本設計の段階より当該地区のガス供給事業者と打ち合わせをし、ガス設備に関する基本事項を調査・確認をします。

1. ガス事業者名、担当者名、連絡(電話)
2. ガス種別および発熱量
3. ガス本管に関する事項(有・無、管種、管径、供給圧力、埋設深度、引込み方法および工事区分、公道部分の引込み延長工事、道路管理者名)
4. ガス負担金の有無
5. 機器および浴槽等のガス事業者の認定
6. LPGから都市ガスへの転換の目途(時期、問い合せ先および連絡)
7. その他特別に留意しなければならない事項等

上記7点を確認し、現地調査書に記載します。

②ガス機器の選定

使用するガス機器選定の条件を満足させます。ガス機器選定については、詳細を後述します。

START
① 事前調査
② ガス機器の選定
③ 設置場所の決定 給排気設備の決定
④ ガス使用量の推定
⑤ ガス栓接続具の選定 ガス栓の位置の決定
⑥ メーター号数の選定 メーター設置場所の決定
⑦ 配管経路・位置の選定
⑧ 配管口径の算出
⑨ ガス事業者との打ち合せ
⑩ 配管材料、接合方法、防食対策、不等沈下対策、支持方法、遮断装置等の決定
⑪ 安全対策の付加
⑫ 設計図作成
END

③ 設置場所の決定・給排気設備の決定

ガス機器には、燃焼廃ガスの排出方法を考慮しなければなりません。ガス機器には、**開放式、半密閉式、密閉式、屋外用**などに分類されます。給排気方式についても十分な検討が必要です。

ガス機器の種類

	給排気方式	対応ガス機器
a	CF式（自然排気式）	半密閉式
b	FE式（強制排気式）	半密閉式
c	BF式（自然給排気）	密閉式
d	FF式（強制給排気）	密閉式
e	RF式	屋外用

ガス機器の分類

設置場所	ガス機器の分類	給排気方式	給排気方法の内容
屋内	開放式ガス機器	なし	燃焼用の空気を屋内から取り、燃焼排ガスをそのまま屋内に排出する方式。
屋内	半密閉式ガス機器	自然排気式（CF式）	燃焼用の空気を屋内から取り、自然通気力により燃焼排ガスを排気筒を用いて屋外に排出する方式。
屋内	半密閉式ガス機器	強制排気式（FE式）	燃焼用の空気を屋内から取り、燃焼排ガスをファンを用いて強制的に排気筒から屋外に排出する方式。
屋内	密閉式ガス機器	自然給排気式（BF式）	給排気筒を外気に接する壁を貫通して屋外に出し、自然通気力によって給排気を行う方式。
屋内	密閉式ガス機器	強制給排気式（FF式）	給排気筒を外気に接する壁を貫通して屋外に出し、ファンにより強制的に給排気を行う方式。
屋外	屋外用ガス機器	自然排気式	自然通気力で排気を行う方式。
屋外	屋外用ガス機器	強制排気式	ファンで強制的に排気を行う方式。

④ガス使用量の推定

ガス使用量の推定は、ガス機器の種類、数量、1時間当たりのガス使用量とそれらの同時使用率によって決定します。

⑤ガス栓接続具の選定・ガス栓の位置の決定

ガス栓からガス機器とのあいだの接続部分においてガス漏れ等を防止するための接続方法を選定します。その際、ガス栓の位置も考慮します。

⑥メーター号数の選定・メーター設置場所の決定

ガスメーターは、推定したガス消費量を計量しうる能力をもつ最小のものとします。メーター設置場所は、検針や維持管理の容易な場所とします。

⑦配管経路・位置の選定

配管経路・位置は、保安の確保を図り、配管の支持やガス管との離隔距離にも注意して計画をします。

⑧配管口径の算定

配管口径は、推定したガス量に対してガス管の取出し点からガス栓までの配管の圧力損失がガス供給事業者の定める値以内となるように決定します。

⑨ガス事業者との打ち合わせ

①〜⑧までの計画した段階で、ガス事業者との打ち合わせを行います。

設計者とガス事業者との十分な協議によってお互いが満足のいく内容となりましたら次の段階へと移ります。

⑩配管、接合方法、防食対策、不等沈下対策、支持方法、遮断装置等の決定

ガス供給事業者の責任施工となりますので、ガス事業者との打ち合わせの時に建設現場の状況に食い違いがないかを確認します。特に不等沈下対策の必要があるかどうかなど、周囲環境にも気を付けなければなりません。

⑪安全対策の付加

ガス漏れ警報設備、緊急ガス遮断装置等の安全対策の付加を考慮します。

⑫設計図の作成

これまでの設計手順にしたがって、建築意匠と適合するように設計図を作成します。配管口径や配管経路、弁ならびに安全対策等を最終段階で、再びガス供給事業者の承認を受けます。

内管の埋没深さ（標準値）

場所	埋設深さ（土被り）
①重量車両が通る恐れのある場所	0.6m以上
②車両等重量物（車両以外）の荷重がかかる場所	0.3m以上
③①、②以外の場所	0.15m以上

公道の掘削工事について

道路が新舗装の場合は、原則として下記の期間は掘削ができません。あらかじめ供給管を先行して敷地内までガス管を敷設する場合は、有償となります。

公道の掘削不能期間

道路の舗装状況	掘削不能期間
簡易舗装（主に歩道など）	1年間
中級舗装（主に一般区、市、町道など）	3年間
高級舗装（主に主要幹線道路など）	5年間

> 工期の時期、特に年末年始の期間は道路工事ができない場合がありますので、所轄の行政等との協議が必要です。

ガス機器選定のポイント

① **供給ガスの種類に適合した機器であることを確認します。**
　ガス機器には、適合するガスの種類が表示されていますので必ず確認してから選定してください。
② **燃焼方式が安全な機器を選定します。**
　ガス機器には、燃焼廃ガスの排出方法で分類されています。
③ **便利で効率よく使用できる機器を選定します。**
④ **十分な能力のある機器を選定します。**
⑤ **暖房、給湯器類の機器は、密閉式か屋外用ガス機器を選定しましょう。**
⑥ **開放式ガス機器を選定する場合は、換気設備を必ず考慮しなくてはなりません。**
⑦ **ガス機器の設置場所は、火災予防条例等関連法規の規制にしたがいます。**

7-4 ガス使用量の算定

設置されるガス機器のガス消費量によって決定されます

> **Point**
> - ガス機器が1個である場合の設計流量は、その機器の定格流量とします。
> - ガス機器が2個以上の場合の設計流量は、用途別設計流量の算出方法によります。
> - 使用状況が明らかな場合は、その使用状況に適した流量を設計流量とします。

ガス使用量の算定

ガス使用量の算定は、ガス機器の種類、数量、1時間当たりのガス消費量と同時使用率によって算定できます。

$$ガス使用量(m^3/h) = \frac{ガス消費量(kW) \times 3.6(MJ/h)}{供給ガスの発熱量(MJ/m^3)}$$

ガス供給事業者では、標準の同時使用率を定めていますが、実状の使用条件との食い違い等がないかを検討します。

一般的には、設置されるすべてのガス機器のガス消費量を合算するわけでなく、例えば、表1に示すような方法で設計対象機器を選定し、配管区間ごとの設計流量を設定します。

1住戸当たりの同時使用率は、標準70%としますが、業務用は表3と図1に示します。また、集合住宅の共用部分の同時使用率は、表2に示します。複合建物の場合は、各々の用途でガス流量を算出し、共用部配管のガス量は、それぞれ算出した値の合計値とします。

7-4 ガス使用量の算定

設計対象機器選定方法（表1）

	対象機器	選定方法
厨房用	コンロ（コンロおよび附属の魚焼グリル等）	●取付バーナの能力の大きいものから2個分を設計対象とする。ただし、機種が未定の場合の設計流量はバーナ2個分として6.98kwとする（バーナ1個当たり3.49kw）。
	その他厨房機器（オーブン、炊飯器等）*レンジについているオーブンを含む	●能力の大きいもの1個を設計対象とする。 ●機種未定の場合の設計流量は5.81kwとする。
風呂・給湯用	風呂給湯機器	●1台の機器の中にバーナが2個以上設けられているものは、バーナの機能別に分けて別々に扱う。 ●大きいもの2個を設計対象とする。
暖房用	暖房機器（集中方式、個別方式とも共通）	●1台の機器の中にバーナが2個以上設けられているものは、バーナの機能別に分けて別々に扱う。 ●大きいもの2個を設計対象とする。 ●個別暖房機で機種未定の場合の設計流量は3.49kwとする。
衣類乾燥用	衣類乾燥器	●能力の大きいもの1個を設計対象とする。 ●機種未定の場合の設計流量は2.91kwとする。
その他用	その他機器	その他機器は非設計対象とする。
上記手順で非設計対象としたものでも、設計対象とすべきと判断されるものは、対象機器として扱う。		

集合住宅用に対する供給管・共用部配管の同時使用率（表2）

区分 戸数（戸）	β1 一般集合住宅(%)	β2 TES設置集合住宅(%)	区分 戸数（戸）	β1 一般集合住宅(%)	β2 TES設置集合住宅(%)
1	100	100	21	27	35
2	73	78	22	27	35
3	62	68	23	26	34
4	55	62	24	26	34
5	50	58	25	25	33
6	47	56	26	24	32
7	44	53	27	24	31
8	42	51	28	23	31
9	40	48	29	23	31
10	38	47	30～34	22	30
11	38	47	35～39	20	28
12	36	45	40～44	19	27
13	35	43	45～49	18	25
14	34	4	50～59	17	24
15	33	40	60～69	16	24
16	32	40	70～99	16	23
17	31	40	100～199	15	21
18	30	38	200～299	14	19
19	29	37	300～499	13	18
20	28	35	500以上	12	17

データ：「ガス設備とその設計」、東京ガス、1999年

7-4 ガス使用量の算定

■業務別の床面積当たりの標準熱量（表3）

■業務別の床面積当たりの標準熱量

店舗の種類		設置機器が決定していない場合の床面積当たりの標準熱量	
		kcal/h·㎡	MJ/h·㎡
各店舗	喫茶類	450〜650	1.9〜2.7
	レストラン・和食	900〜1100	3.8〜4.6
	中華麺類	1600〜1800	6.7〜7.5

■店舗の床面積に対する供給管・共用部配管の同時使用率（図1）

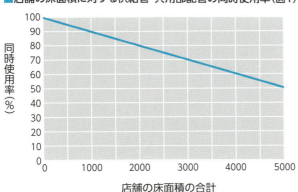

縦軸：同時使用率(%)　横軸：店舗の床面積の合計

■同一機種が複数ある場合の機種別同時使用率

機器数(個)	同時使用率	(イ) 給湯室の給湯機器・湯沸器・その他機器	(ロ) 手洗用の湯沸器	(ハ) 旅館・ホテルの客室の暖房機器
1〜5		100(%)	100(%)	100(%)
6〜10		70	70	95
11〜15		60	50	80
16〜20		55	30	78
21〜		55	30	75

*病院、診療所で患者用のテーブルコンロ類は、上表中(ロ)による。
*病院、診療所の医療機器は、上表中(ハ)による。
*学校の実験室、工作室、体育館等の特別教室で使用するガス機器は、上表中(ハ)による。

7-5 ガスメーターの選定

ガスメーターはガスの使用量を算出するために設置します

Point
- 通常の建物用は、低圧用膜式メーター（マイコンメーター）です。
- 使用最大流量160㎥/h以上には、ルーツメーター（回転式メーター）です。
- 超高層建物用で中圧使用のガスメーターは、ルーツメーターまたはデルタメーターを用います。

ガスメーターの選定

　ガスメーターはガス供給事業者からの貸与品となりますが、設置にともなう付属の設備は施主負担となります。ガスメーターは、設計流量（ガス使用量）により選定します。

ガスメーターの大きさ

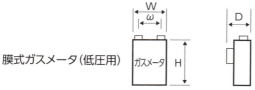

膜式ガスメータ（低圧用）

ω：メーター出入間寸法を示す。

型式	号数	メーター寸法 (mm)					標準取付けスペース (mm)			メーター接続口径 (A)	出入管接続口径 (A)	重量 (kg)
		W (幅)	ω	D (厚)	H (丈)	w (間口)	d (奥行)	h (高)			
N	1	174	130	133	212	360 (360)	200 (220)	400 (570)	20	20	2.2
JB	1.6			150	293	380 (360)	245 (220)	530 (650)			3.1
N	2.5	174	130	138	232	360 (360)	200 (220)	450 (590)	20	20	2.7
NB					280	380 (360)	225 (220)	500 (630)			3.2
N	4	195	130	156	262	380 (360)	220 (220)	470 (620)			3.5
NB NI	6				324	380 (360)	245 (220)	530 (680)			4.4
NN NB NS	10	300	220	213	341	560	325	870	32	32	9.0
					422						11.0
NN NB NS	16	300	220	213	341	560	325	870	40	40	9.0
					422						11.0
N NS	25 30	418	220	368	452	1100	470	870	50	50	22.0 24.0
N NS	40 50	513	320	424	574	1200	530	970			35.0 41.0
N NS	65 100 120	639	380	519	728	1380	850	1200	80	80	66.0 74.0

（　）内はメーターユニット（屋内用）を壁直付け固定した場合の値。

7-6 ガス配管の設計

配管経路は、安全性、施工性、将来計画、経済性などを考慮して決定します

> **Point**
> - 建築設備との調和、維持管理の容易性も考慮してください。
> - 供給条件、設計条件、施工条件などを把握して設計を進めましょう。
> - 建物飛び込み部には、不等沈下対策を講じてください。

配管経路・位置の選定

配管の経路および位置は、保安の確保を図るため次の原則により行います。

① 建物への引込み配管は、原則として1建物1本とします。
② 土中埋設部、その他隠蔽配管は、道路または建物に対して、原則として直角または平行とし、斜配管は行わない。
③ 配管は、外力その他により損傷する恐れのない経路位置とします。
④ 配管は、工事や点検の容易な場所に設置するものとし、下記場所への設置は行わない。
・建築物、構築物の基礎面下。
・第3者の敷地内。
・エレベータの昇降路内。
⑤ 次の個所への配管は極力避けます。
・土間コンクリート下の土中。
・表玄関、車庫、庭園、樹木の密集した場所。
・浴室、便所内等常に水あるいは汚水にさらされ腐食の恐れのある場所。
⑥ 建物の壁、床等を貫通する場合は次の位置とします。
・建築構造上支障の生じない個所。
・貫通位置はできるだけ露出部とします。
・防水処理部は原則として避けます。

配管の支持方法

配管は、自重、振動、管伸縮等の影響を考慮して、必要な間隔および強度をもった支持具で支持します。

支持金物、支持金物の取付部、支持金物を取り付ける構造物・基礎等は、必要な強度および荷重の伝達性能を有することとします。

配管の支持は、必要な支持条件にあった支持方法および構造とします。

配管の支持方法

■横引き配管の標準支持間隔

呼び径 (A)	単位重量 (kg/m)	自重支持 間隔(m)	自重支持 重量(kg)	呼び径 (A)	単位重量 (kg/m)	自重支持 間隔(m)	自重支持 重量(kg)
15	1.31	1.8	2.4	50	5.31	3	15.9
20	1.68	1.8	3	80	8.79	3	26.4
25	2.43	2	4.9	100	12.2	4	48.8
32	3.38	2	6.8	150	19.8	4	79.2
40	3.89	2	7.8	200	30.1	5	150.5

■立配管の標準耐震支持間隔

呼び径 (A)	耐震支持間隔 床面各層にまたがる場合	耐震支持間隔 外壁等を立ち上がる場合(m)	単位重量 (kg/m)
15	各層毎	1～1.5	1.31
20	各層毎	1～2	1.68
25	各層毎	1～2	2.43
32	各層毎	1～3	3.38
40	各層毎	1～4	3.89
50	各層毎	1～5	5.31
80	各層毎	2～7	8.79
100	各層毎	2～9	12.2
150	2層毎	2～12	19.8
200	2層毎	5～13	30.1

7-7 ガス配管口径の決定

ガス機器のガス消費量（㎥/h）によって決定されます

Point
- 使用状況が不明な場合は予想される機器の最大ガス消費量を設計流量とします。
- 設計における端数処理は、流量は小数点3位以下、圧力損失は小数点2位以下は切り捨てとします。

ガス配管口径の決定手順

以下の手順で、配管口径を決定します。

① **ガス機器の選定**

建物用途、種類、数量、定格ガス消費量、使用場所の調査・選定をします。

② **各機器のガス消費量の算出**

使用する各ガス機器の**時間当たりのガス消費量の算出**を行います。

③ **配管ルートの決定**

適切な配管ルートを決定します。

④ **配管系統図の作成**

各配管部の延長の長さ、高低差を算出します。

⑤ **各配管の設計流量の算出**

使用するガス機器類の数量から同時使用率を考慮し、対象となる各配管の**設計流量の算出**を行います。

⑥ **口径仮定決定**

管種により、使用できる口径を考慮し仮定的に決定します。ガス流量チャート図等を参考にします。

⑦ **圧力損失の算出**

系統ごとの各配管部圧力損失値の総和が許容圧力損失値以下となるように算出します。その際、配管口径と関連しますので、口径仮定決定した段階の口径でよいかの確認が必要となります。

⑧ **必要最小口径確認**

⑦で算出した圧力損失と⑥で口径仮定決定したもので、より必要最小口径であるかを確認します。

管径決定のための設計手順

配管口径は、系統ごとの各配管部圧力損失値の総和が許容圧力損失値以下となるように決定します。ガス供給事業者にその技術資料がありますので入手してください。

許容圧力損失

供給管取出し部からガス栓までの配管の許容圧力損失値は下記の通りです。

■供給管取出部からガス栓までの配管の許容圧力損失値

(単位:Pa)

配管系統	許容圧力損失	圧力損失の標準的配分	
		供給管取出部～メータコック	メータコック～ガス栓
通常配管系統	150	60	90
フレキ配管の風呂給湯用の配管系統	210	60	150

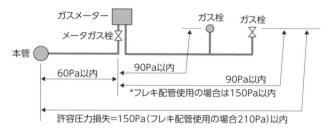

参考：東京ガス資料

7-7 ガス配管口径の決定

各配管部の圧力損失の算定式

各配管部の圧力損失の算定式を示します。

●鋼管・PE管の配管の場合

$\Delta H = \alpha \times Q^2 \times L$

ΔH: 圧力損失(Pa)、α: 継手等を考慮した管種口径別圧力損失係数、Q: 設計流量(m^3/h)、L: 配管の長さ(m)

αの値

13Aの場合
(ガス設備とその設計 2005 東京ガス編)

管種	呼び径(A)	α値	備考
鋼管(SGP)	15	4.8	
	20	0.812	
	25	0.219	
	32	0.049	
	40	0.027	
	50	0.00724	
	80	0.000616	
	100	0.000225	
	150	0.0000364	
ポリエチレン管(PE管)	25	0.219	
	30	0.049	
	50	0.0115	*40Aのα値がありません。
	75	0.00111	
	100	0.000359	
	150	0.0000526	

●フレキ配管の場合

$\Delta H = \alpha 1 \times L + \alpha 2 \times N$

ΔH: 圧力損失(Pa)、$\alpha 1$: フレキ管1m当たりの圧力損失(Pa/m)、L: 配管の長さ(m)、
$\alpha 2$: フレキチーズ1個当たりの圧力損失(5.0Pa/m)、N: フレキチーズの数

フレキ配管1m当たりの圧力損失

単位:Pa

口径	ガス流量(m^3/h)												
	0.15	0.2	0.3	0.4	0.5	0.6	0.7	0.8	0.9	1	1.5	2	2.5	3	3.5	4
8A	2	3.2	6	9.2	13	25	35	47.5	62	80						
10A			1.8	2.8	3.9	5.1	8	11.5	15	20	50					
15A					1.3	1.7	2.15	2.6	3.2	5	13	23	37	53	73	

口径	ガス流量(m^3/h)												
	1.5	2	2.5	3	3.5	4	4.5	5	5.5	6	6.5	7	7.5	8	8.5	9
20A	2	4	6.5	9	12.5	16.5	20	25	30	36	44	50	56	63	72	
25A			1.8	2.8	3.8	5.1	6.7	8	10	12	14	16.8	19	21.5	24.5	27	30.5

高低差による圧力変化

配管に高低差がある場合は、下記の圧力変化が生じますので配管の口径を決定する時は、これを考慮します。（立管では、ガス比重が空気より小さいので上部では圧力が上昇します。）

⊿P=4.5H

⊿P: 見かけ上の圧力上昇分 (Pa)，H: 配管の高低差 (m)

配管口径の決定（口径決定起点からガス栓まで）

口径決定起点とは、ガスメーターの出口側点のことです。

配管口径の決定

ガスメーター～ガス栓までの距離別に口径とガス消費量 (kW)

（13A用）

最大平面距離(m)	口径(A)		
	10A	20A	25A
0～7	18.6kw以下	93kw以下	93kw以下
7.1～12	13.95kw以下	69.77kw以下	69.77kw以下
12.1～20	11.63kw以下	58.14kw以下	58.14kw以下

7-8 LPガスの基本事項

プロパンやブタンを主体としたガスで常温で加圧し液化したものです

Point
- LPガスはガスボンベ内では液体を、気化装置を経てガス化させて供給します。
- LPガスは、空気より重いため下部に滞留します。ガス漏れ感知器は下部に設置するのはそのためです。

LPガスの種類

一般的なLPガスは、**液化石油ガスの保安の確保および取引の適正化に関する法律**とその規則等により、その組成が定められています。

LPガスの規格

名称	プロパンおよびプロピレンの合計量の含有率	エタンおよびエチレンの合計量の含有率	ブタジエンの含有率
い号液化石油ガス	80%以上	5%以下	0.5%以下
ろ号液化石油ガス	60%以上80%未満	5%以下	0.5%以下
は号液化石油ガス	60%未満	5%以下	0.5%以下

*圧力は、温度40℃において15.6kgf/cm²以下とする。
*含有率は、モル比によるものとする。

LPガス用ガス機器

LPガス用ガス機器のうち、カセットコンロ、瞬間湯沸器、ストーブ、風呂バーナ、風呂釜等は**液化石油ガス法**で**第一種液化石油ガス器具**として指定されており、国家検定合格品として合格の表示がなされたものを使用しなければなりません。

気化方式

気化方式には、主に家庭用用途の個別供給方式で利用される蒸発器をもたない**自然気化方式**と、多量なガス使用量でも対応可能な蒸発器を備えた**強制気化方式**があります。

7-9 LP ガス設備設計の手順

基本的には、都市ガスと同様の設計手順です

Point
- 貯蔵や取り扱いが容易で、都市ガス供給のない地域で広く使用されています。
- 供給方式には、個別供給方式、小規模集団供給方式、中規模集団供給方式、業務用供給方式・大規模供給方式があります。

設計の手順

以下の手順で設計してください。基本は都市ガスと同じです。

① **事前調査**
当該地区のガス供給方式の検討と供給事業者の有無の確認します。

② **ガス機器の選定**
都市ガス設備の場合と同様です。

③ **設置場所の決定・給排気設備の決定**
都市ガス設備の場合と同様です。

④ **ガス使用量の推定**
ガス使用量は、使用するガス機器の種類、数量と同時使用率をもとに算定します。この数値を最大消費量といい、ボンベの設置本数、調整器容量、ガスメーターや配管口径等を決定するうえで基礎となりますので、重要な要素となります。

⑤ **ガス栓接続具の選定・ガス栓の位置の決定**
都市ガス設備の場合と同様です。

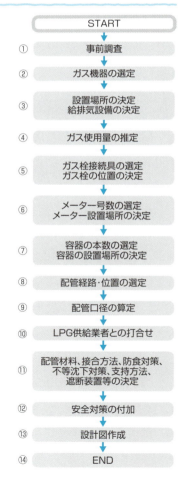

7-9 LPガス設備設計の手順

⑥ **メーター号数の選定・メーター設置場所の決定**

ガスメーターは、最大消費量の1.2倍以上の最大流量を表示したものを選定します。調整器は、ボンベ内の高圧のガスを使用ガス機器に適した低圧に減圧する装置ですが、最大消費量の1.5倍以上の容量のものを選定します。

⑦ **容器の本数の選定・容器の設置場所の決定**

容器の本数は最大消費量と容器のガス発生能力により算出します。容器の設置場所にも、設置基準がありますので順守してください。

⑧ **配管経路・位置の選定**

保安の確保を図り、配管の支持やガス管との離隔距離にも注意し計画します。

⑨ **配管口径の算定**

配管の圧力損失の算定は、都市ガスに準拠します。

⑩ **LPガス事業者との打ち合わせ**

①〜⑨までの計画した段階で打ち合わせます。

⑪ **配管材料、接合方法、防食対策、支持方法、不等沈下対策、遮断装置等の決定**

配管材料および継手材料は、腐食や損傷を防止するために**液化石油ガス法施行規則関係基準**に定める材料の基準に適合するものを使用します。

⑫ **安全対策の付加**

都市ガスの場合と同様ですが、LPガス用ガス漏れ警報器を設置する位置は、ガスの比重が空気より重いので床面より30cm以内に設置します。

⑬ **設計図の作成**

7-10 LPガス機器のガス消費量

都市ガス設備の場合と同様ですが、ガス使用量の表示単位がkg/hです

> **Point**
> ● LPガス使用の表示単位は、最近まではkcalでしたが現在はkWになっています。
> ● 使用するガス機器の表示ガス消費量を使用するガスの発熱量で割ればガスの使用量が分かります。

ガス使用量

都市ガス設備の場合と同様です。ただし、ガス量(kg/h)が不明で、ガス消費量(kcal/h)が明記されている場合は、ガス消費量(kcal/h)を、12,000(kcal/h)で割ってください。算出された数値がガス量(kg/h)です。

● **同時使用率**

都市ガス設備の場合と同様です。

● **ガスメーター**

ガスメーターの大きさや設置場所の選定において基本的には、都市ガス設備を参考にしていただければ問題はありません。

● **ガス栓および接続具の選定**

基本的には、都市ガス設備を参考にしていただければ問題はありません。

● **配管経路および位置**

基本的には、都市ガス設備を参考にしていただければ問題はありません。

7-10 LPガス機器のガス消費量

一般家庭用燃料器具のガス消費量

(参考値)

器具名	摘要	1時間当たり消費量(kg/h)
1口テーブルコンロ	中形	0.17
		0.24
2口テーブルコンロ		0.32
3口コンロ		0.45
2口レンジ	グリル付	0.47
3口レンジ		0.63
炊飯器	1.0L炊き	0.1
	2.0L炊き	0.12
瞬間湯沸器	4号	0.67
	5号	0.8
	7号	1.25
	10号	1.58
	12号	2.16
	16号	2.55
	20号	3.16
	24号	3.7
	32号	4.9
貯湯式湯沸器	11L形	0.38
	20L形	0.64
	45L形	0.87
	60L形	1.06
	90L形	1.35
風呂バーナ	1号	0.84
	2号	1
	3号	1.25
ガスストーブ	6畳用	0.13
	6畳用〜8畳用	0.2
	16畳用	0.45

同時使用率

(業務用LPガス設備設計施工指針)

燃焼器具数(個)	同時使用率(%)
1〜5	100
6〜10	70
11〜15	60
16〜	55

*厨房等の場合は100%とする。

7-11 LP ガス機器類

使用するガス機器は、LP ガス適応品を選定してください

> **Point**
> - LP ガス用には、都市ガス機器とほとんど同様な機種があります。
> - 容器（ボンベ）数の算定は、使用量法と容器交換周期法の、いずれか大なる数値を採用します。

■ ガス栓の種類と用途例

都市ガス設備と同様です。下記に示します。

種類		入口側接合部形状、口径	出口側接合部形状、口径			主な用途
			形状	呼び9.5mm		
				1口	2口	
ガス栓 ヒューズ	露出型	ねじ1/2	ホースエンド	○	○	テーブルコンロ、炊飯器、ストーブ、小型オーブン、卓上型貯湯湯沸器
			コンセント	○	○	
	埋込型		ホースエンド	○	―	
			コンセント	○	―	
フレキガス栓		ねじ1/2～3/4	ねじ	1/2～3/4		瞬間湯沸器、風呂釜、暖房機
ねじガス栓		ねじ1/2～2	ねじ	1/2～2		配管

■ 接続管と燃焼機器の適切な組み合わせ

基本的には都市ガス設備と同様ですが、口径の呼び方や大きさが LP ガス用ですのでご注意してください。

接続管の種類		口径の呼び							瞬間湯沸器、風呂釜、ストーブ、貯湯湯沸器、レンジ、暖房機	テーブルコンロ、炊飯器、小型ストーブ、小型オーブン
		7mm	9.5mm	10mm	14mm	1/2A	3/4A	1A		
コンセント付	ゴム管		○							○
	塩化ビニルホース		○							○
ゴム管			○							○
ゴム継手付塩化ビニルホース			○							
燃焼器用ホース		○		○	○				○	○
金属フレキシブルホース						○	○	○		
金属管						○	○	○		

ガスメーター号数と使用最大流量の関係

ガスメーターの号数は、最大流量（m³/h）で表示されています。適切な選定をしてください。

ガスメーター数と使用最大流量の関係

■ガスメータ号数と使用最大流量の関係

号数	2	3	5	7	10	15	30	50	90	120	150
使用最大流量（m³/h）	2	3	5	7	10	15	30	50	90	120	150

■ガスメータの抵抗

号数	流量（m³/h） 最小	流量（m³/h） 最大	圧力損失（mmH₂O）	参考最大流量（kg/h）
3	0.02	3	15	6
5	0.03	5	15	10
7	0.05	7	15	14
10	0.08	10	15	20
15	0.09	15	15	30
30	0.15	30	15	60
50	0.3	50	15	100
90	0.54	90	15	180
120	0.72	120	15	240

■号数と最大使用流量

号数	最大使用流量（m³/h）
S	2.5
SB4	4
SB6	6
SB10	10
SB16	16

容器（ボンベ）の設置本数

容器数の算定は、使用量法と容器交換周期法の、いずれか大なる数値を採用します。一般に使用される容器容量は50kg、20kg、10kgがあります。

また、LPガスの組成は、下表に示すように、「い号」・「ろ号」・「は号」の3種ですが、一般的には、「い号」あるいは「ろ号」が使用されています。

算定式

●使用量法

$Bn1 = Q/K \cdot 14$

Q: 最大ガス消費量（kW）
ただし、Bn1・Bn2: 必要ボンベ数（本）です。

7-11 LPガス機器類

●容器交換周期法

$Bn2 = Q \times t \times d \ / W \cdot 14$

K: 容器の標準ガス発生能力(kg/h・本)、W: 容器1本の容量、t:1日使用時間(hr/日)、d: 容器の交換周期日数(日)

　容器の本数は、使用量(使用するガス量を気化しうるに十分な容量)と、交換周期(容器交換日までの消費量)を基準にして算出し、いずれか大なる数値を採用します。
　容器よりの気化量は、残液量30%として、外気温を考慮して決定します。
　ガスの規格は、「い号」とします。

7-11 LPガス機器類

容器（ボンベ）に関する設計資料

容器の標準ガス発生能力（気温5℃、残液30％の時）

(国交省・建築設備設計基準 平成14年版)

液化石油ガスの規格	1回の消費状況（例）	容器1本のガス発生能力（kg/h）				
		10kg容器	20kg容器	50kg容器（自動切替調整器使用）		
				5℃	0℃	-5℃
い号	1時間消費	0.70	1.35	4.20	3.20	2.10
い号	1.5時間消費	0.55	1.00	3.03	2.37	1.63
い号	長時間連続消費	0.35	0.60	1.80	1.40	1.05
ろ号	1時間消費	0.40	0.75	1.70		
ろ号	1.5時間消費	0.30	0.55	1.25		
ろ号	長時間連続消費	0.20	0.35	0.75		
は号	プロパン・プロピレンの合計量の含有率が40％以上で、かつ、気温が15℃以上の場合は、ろ号に準ずる。					

＊10kg容器に限り、1回の消費状況が0.5時間消費の場合は、上表のガス発生能力の2倍の数値を取ることができる。

外気温度℃	ガス組成（プロパン）（％）	手動切替又は容器1本立ての場合			自動切替式調整器を使用した場合		
		50kg容器	20kg容器	10kg容器	50kg容器	20kg容器	10kg容器
5	95以上	4.4	1.8	0.9	6.1	2.5	1.3
5	80～95未満	3.2	1.3	0.7	4.7	2.0	1.0
0	95以上	3.7	1.5	0.8	5.0	2.0	1.1
0	80～95未満	2.5	1.0	0.5	3.7	1.5	0.8
-5	95以上	3.0	1.2	0.7	4.0	1.6	0.9
-5	80～95未満	1.8	0.8	0.4	2.6	1.1	0.6
-10	95以上	2.4	1.0	0.5	3.0	1.2	0.6
-10	80～95未満	1.1	0.5	0.3	1.6	0.7	0.3
-15	95以上	1.7	0.7	0.4	2.0	0.8	0.4
-15	80～95未満	0.5	0.2	0.1	0.6	0.2	0.1
-20	95以上	1.0	0.4	0.2	1.0	0.4	0.2
-20	80～95未満	—	—	—	—	—	—

＊手動切替または容器1本立ての場合、残りガス30％の時に容器内の蒸気圧が0.7kgf/cm²を保持するための蒸気量である。
＊自動切替式の場合、使用残ガス50％の時に容器内の蒸気圧が1.0kgf/cm²を保持するための蒸発量である。
＊両者とも、消費時間の長い場合は蒸発量を上表より少なく見積もること。

7-12 LPガス配管口径の求め方

都市ガス設備と同様な計算手順です

> **Point**
> - LPガス設備で使用する単位表示が都市ガス設備と異なりますので注意してください。
> - 飲食店や旅館など大量にガスを消費する施設へは、バルク貯槽によります。

配管口径の算定手順

基本は、都市ガスの口径決定とほぼ同じです。都市ガスとの大きな違いは、容器、調整器やベーパライザの設置などの点だけです。

① **配管の流量の算出**

ガス器具のガス消費量に同時使用率を乗じて算出します。

② **配管の口径の決定**

ガスの供給源から最高、最遠点のガス栓までの配管換算表を基準とし、液化石油ガス流量線図によって決定します。

③ **ガス供給圧力の決定**

280 ± 50㎜ H2O とします。

④ **燃焼器具入口圧力の決定**

最小 200㎜ H2O とします。

⑤ **配管の許容圧力損失の決定**

30㎜ H2O 以内とします。

この配管系の中にガスメーター (最大圧力損失 15㎜ H2O) が入る場合は、継手等を含むガス配管全体の許容圧力損失は、15㎜ H2O 以内となるように配管口径を定めます。

⑥ **ガス配管の最小口径の決定**

原則として呼び径 15 とします。

計算式

通常は、低圧ガスの輸送式にはポールの公式を用います。
ガス流量や管の内径などの単位表示に注意してください。

$$Q = K\sqrt{D^5 \cdot H/SL}$$

Q:輸送量（㎥/h）、H:差圧（Pa）、S:ガスの比重（空気を1とする）、D:管の内径（mm）、L：管の長さ（m）、K：係数（0.000709）

LPガスの許容圧力損失

出口圧力(kPa) 2.55～3.3

入口圧力(kPa) 2～3.3

ガスメータ　ガス栓

自動切替調整器の許容圧力損失:0.55 kPa
単段調整器の許容圧力損失:0.3 kPa

管径を求める際の技術資料

LPガスは、空気より比重が重いので備考に示した換算公式を利用します。

立上り管による圧力降下

立上り(m)	比重 H圧力降下(Pa)	
	プロパン 1.52	ブタン 2.0
1	6.57	12.7
3	19.7	38.1
5	33.0	63.5
10	65.9	126.5
20	99.0	191.2
30	131.4	254.0
40	197.1	381.5

● 備考

$H = 9.8 \times 1.293 \times (S-1) \times h$

ただし、
H:圧力降下(Pa)
S:ガスの比重
h:立上り(m)
1.293:空気の密度(0℃、1013　hPa)

7-12 LPガス配管口径の求め方

　LP配管の管摩擦損失計算の際に、直管＋局部抵抗により求めますが、その場合には下記に示した資料を参考にしてください。

局部抵抗の相当長

（単位:m）（家庭用LPガスの設備要領）

呼び径	仕切弁	玉形弁	チー軸方向	チー側方向	45°エルボ	エルボ
0.4	0.1	1.0	0.1	0.4	0.1	0.2
1/2(15)	0.1	1.5	0.15	0.7	0.2	0.3
20	0.2	2.5	0.25	1.0	0.3	0.45
25	0.2	3.0	0.35	1.3	0.4	0.6
32	0.3	4.0	0.45	1.7	0.55	0.8
40	0.3	5.0	0.55	2.1	0.7	1.0
50	0.4	6.0	0.7	2.6	0.85	1.3
65	0.5	8.0	0.9	3.2	1.0	1.7
80	0.7	10.0	1.1	4.0	1.2	2.1

　ガスメーターの抵抗は、製造メーカーにより若干の差はありますが、標準な抵抗値を示します。詳細に求めたい場合は、製造メーカーにお問い合せください。

ガス計量器の抵抗

号数	流量m³/h 最小	流量m³/h 最大	ガスメータ 圧力損失 kPa	参考ガス流量 最大 kg/h
3	0.02	3	0.15	6
5	0.03	5	0.15	10
7	0.05	7	0.15	14
10	0.08	10	0.15	20
15	0.09	15	0.15	30
30	0.15	30	0.15	60
50	0.3	50	0.15	100
90	0.54	90	0.15	180
120	0.72	120	0.15	240

第 8 章

し尿浄化槽設備

　し尿浄化槽は、公共下水道が整備されていない地域で、汚水・雑排水を処理し、公共用水域(側溝、河川、湖沼、海など)に放流するための設備または施設です。
　本章では、浄化槽の選定や設置に関する基本と仕組みを解説します。

8-1 し尿浄化槽設備の基礎

浄化槽の設置台数は年々減少しています

> **Point**
> - インフラ整備が行き届かない地域において、し尿と、台所・浴室等から排出される生活雑排水とあわせて処理する施設がし尿浄化槽です。
> - 生活廃水には排水基準が定められています。

浄化槽設備の現状

平成 27 年度末での浄化槽の普及人口は 1,167 万人で、普及率は 9.14% です。年々わずかですが**減少傾向**にあります。

浄化槽は、主に都市インフラ整備の行き届かない地域で 1 戸ごとに設置され、し尿と、台所・浴室等から排出される生活雑排水とあわせて処理する施設として利用されています。

河川の自然浄化能力が活用でき、水量確保に役立つことなどがあげられ、家屋が散在する地域における生活排水対策の有効な手段ともなっています。

しかし今後、下水道の供用区域の拡大により、浄化槽普及人口はますます減少していくでしょう。したがって、浄化槽の設置も少なくなっていきますが、ゼロになるのは当分先のことになります。地域によっては、都市インフラ整備すら不可能と思われる場所があるからです。

し尿浄化槽とは

公共下水道が整備されていない地域では、汚水・雑排水を**合併浄化槽**で処理し、公共用水域 (側溝、河川、湖沼、海など) に放流します。

公共用水域の環境保全のために、それぞれの水域には、**排水放流性能が規制**されています。計画に際しては、行政との協議・打ち合わせが必須となります。

生活排水の排水基準

し尿浄化槽は、その性能を通常排水基準のように用いています。水質は、**建築基準法施行令第32条**に規制されています。区域および処理対象人員の区分に応じ、それぞれ同表に定める性能を有するものでなければなりません。

生活排水の排水基準

合併処理浄化槽を設ける区域	処理対象人員[人]	性能	
		生物化学的酸素要求量の除去率[単位:%]	浄化槽からの放流水の生物化学的酸素要求量[単位:mg/L]
特定行政庁が衛生上特に支障があると認めて規則で指定する区域	50以下	65以上	90以下
	51以上500以下	70以上	60以下
	501以上	85以上	30以下
特定行政庁が衛生上特に支障がないと認めて規則で指定する区域		55以上	120以下
その他の区域	500以下	65以上	90以下
	501以上2000以下	70以上	60以下
	2001以上	85以上	30以下

*この表における処理対象人員の算定は、国土交通大臣が定める方法により行うものとする。
*生物化学的酸素要求量の除去率とは、浄化槽への流入水の生物化学的酸素要求量の数値から放流水の生物化学的酸素要求量の数値を減じた数値を浄化槽への流入水の生物化学的酸素要求量の数値で除して得た割合をいう。

8-2 し尿浄化槽設備の用語

浄化槽は「生き物」です。微生物の働きで汚泥を処理する施設です

> **Point**
> ●公共下水道以外に放流しようとする場合は、衛生上支障がない構造のし尿浄化槽を設けなければなりません。

し尿浄化槽設備の用語

浄化槽を理解するうえで、必要な主な用語を解説します。

BOD (Biochemical Oxygen Demand)

水の汚濁状態を表す**有機汚濁指標**の1つ。**生物化学的酸素要求量**のこと。水中の有機物は好気性微生物の作用を受けて少しずつ酸化、分解され、安定化していきますが、この過程で消費される酸素量を **BOD値** といいます。この値が大きいほど汚濁が著しいということになります。

BOD 除去率

流入排水中のBODのうち、処理装置等の中で除去された割合。次式で算出します。

$$BOD 除去率 (\%) = \frac{(流入BOD濃度 - 流出BOD濃度)}{(流入BOD濃度 \times 100)}$$

* 濃度の単位は、mg/ℓ

BOD 量

対象とする水の中に含まれるBODの総重量。次式で算出します。

$$BOD 量 (kg/日) = 流入汚水量 (m^3/日) \times \frac{BOD 濃度 (mg/\ell)}{1,000}$$

COD（Chemical Oxygen Demand）

海域や湖沼の汚染の度合いを示す指標。**化学的酸素要求量**のこと。水中の有機物等の汚濁物質が化学的に酸化する時に消費される酸素の量で表されます。数値が高いほど水中の汚濁物質の量が多いといえます。

DO（Dissolved Oxygen）

水中に溶解している分子状の酸素、溶存酸素のこと。水中に DO のある状態を**好気性**、ない状態を**嫌気性**といいます。汚染中においては酸素を消費する物質、主として有機質の腐敗性物質が溶存酸素を消費します。したがって、溶存酸素の多少は試料の汚染状態の一端を示すもの、ということができます。

FRP（Fiber Reinforced Plastics）

ガラス繊維強化プラスチックの略称。工場生産型の浄化槽の大部分がこれを材料としています。FRP 製浄化槽の利点は、成型が容易、大量生産向き、軽量であるため運搬が容易で、施工が容易です。欠点としては、集中した荷重に弱く、浄化槽の埋め戻し時や運搬時に 1 点に荷重がかからないようにする必要があります。

pH（potential Hydrogen または power of Hydrogen）

溶液中の水素イオンの濃度を**水素イオン濃度指数**といいます。**pH7 で中性**、**pH<7 で酸性**、**pH>7 でアルカリ性**です。特殊な例をのぞいて河川水などの表流水は中性付近の値を示します。

SS（suspended solids）

水中に**浮遊する物質の量**。水の濁りの原因となり、SS が大きくなると魚類に対する影響が現れます。

T-N

有機性窒素化合物および無機性窒素化合物に含有されている**窒素の総量**。全窒素あるいは総窒素ともいいます。富栄養化の原因物質の 1 つです。

8-2 主なし尿浄化槽設備の用語

T-P

種々のリン化合物中に含有される**リンの全量**。**全リン**、**総リン**ともいいます。富栄養化の原因物質の1つです。

維持管理

浄化槽の装置や機器がもつ機能を十分に発揮させるため定期的に行う保守点検および清掃の作業です。

一次処理

浄化槽の一次処理装置としては、汚水中の浮遊物質の除去や貯留を行う**沈殿分離槽**や**嫌気ろ床槽**等があります。

汚泥移送装置

汚泥を移送する際に用いる装置です。

汚水衛生処理率

全人口のうち、下水道、合併処理浄化槽等により生活雑排水も含めた生活排水が衛生処理されている人口の比率です。

汚泥処理

汚水処理にともなって発生した汚泥に、濃縮、消化、脱水、乾燥、焼却等の処理を行うことです。汚泥処理の目的は、有機物質を無機化する質の安定化、病原微生物を死滅させる安全化、処理量を少なくする減量化です。

嵩上げ（かさあげ）

工場生産浄化槽において、流入管底が標準工事より深くなり、槽を深く埋める時に、槽本体の開口部に立上げ枠を継ぎ足すことです。

型式認定

工場で製造される浄化槽についての国土交通大臣の認定制度で、浄化槽の構造面の適正化、届出事務等の円滑化のため、浄化槽法第13条で規定されています。

合併処理浄化槽

し尿と台所、風呂、洗濯、洗面所などの生活雑排水を合わせた生活排水を処理する浄化槽。単独処理浄化槽と比べて、はるかに処理能力が高く、BOD除去率90％以上、処理水BOD20mg/L以下と、下水道の終末処理場と同等の放流水質に処理できるものです。近年は、窒素やリンも除去できる機能が付いた高度処理型も開発されています。

合併浄化槽のしくみ（嫌気ろ床ばっ気方式）

- 汚水
- 嫌気ろ床槽
- 嫌気ろ床槽
- 接触ばっ気槽
- 送風機
- 処理水（きれいな水）
  きれいになった上澄みの水だけが放流されます。
- 消毒槽
  衛生的に安全な水として放流します。
- 沈殿槽
  浄化された処理水に含まれる固形物を沈殿させ、きれいな上澄水を消毒槽へ送ります。
- 汚水に含まれる固形物を取り除くとともに、酸素を必要としない微生物によりこれを分解し、汚水を浄化します。
- 送風機より積極的に空気を送り込んで、酸素を必須とする微生物によりさらに汚水を浄化します。

8-2 主なし尿浄化槽設備の用語

環境基準

環境基本法により大気汚染、水質汚濁、土壌汚染、騒音の4項目について人の健康を保護し、生活環境を保全するために定められた環境上の基準。水質汚濁にかかわる項目としてはカドミウム、シアン、水銀等に対する**人の健康保護**や、pH、BOD、SS等に対する**生活環境の保全**があります。

環境基本法

環境保全に関する基本法です。公害の種類を大気汚染、水質汚濁、土壌汚染、騒音、振動、地盤沈下および悪臭の7項目に分けたうえで、それらを防止するための事業者、国、地方公共団体、国民の債務や環境基準等が定められています。

基礎

上部構造物を安全に支持し、沈下、傾斜等を起こさないために設けるものです。上部構造物からの荷重を地盤または地業に伝えるための基礎スラブと、それより下に設けた敷き砂利、割栗石、または杭等の地業の総称です。

逆洗

接触材、ろ材等の充填層内の目詰まりの原因となっている過剰な生物膜や夾雑物等を取りのぞく操作のことです。

逆洗装置

接触ばっ気槽等において、逆洗を行う装置です。

下水道

下水を排除のために設けられる排水管、排水渠その他の排水施設、これに接続して下水を処理するために設けられる処理施設(浄化槽をのぞく)のこと。またはこれらの施設を保管するために設けられるポンプ施設、その他の施設の総称です。

嫌気性処理

処理装置内に酸素がないような状態にし、嫌気性微生物(酸素がない状態で生育する微生物)を増殖させ汚水中の汚濁物質を分解する処理法のことです。

嫌気ろ床槽

嫌気ろ床(プラスチック等のろ材を充填して形成したろ床)を設けた槽。汚水中の固形物の分離等を目的としています。

好気性処理

酸素が十分にある状態で好気性微生物(酸素がある状態で生育する微生物)の存在のもとに汚水を浄化する処理法です。

公共水域

河川、湖沼、港湾、沿岸海域、その他公共の用に供される水域およびこれに接続する公共水路をいい、地下水は含まれません。

高度処理

汚水処理において、従来の処理よりも高度な処理内容や処理レベルを可能とする操作です。

高度処理型浄化槽

窒素またはリンの除去能力を有する合併処理浄化槽のことです。

小型合併処理浄化槽

合併処理浄化槽のうち、**処理対象人員が 50 人以下**のものです。

三次処理

排水処理において、処理の順序を表す用語で、一次処理(沈殿処理)および二次処理(生物処理)に付加する処理をいいます。

残留塩素

水中に残留している有効塩素のことです。浄化槽法に基づく浄化槽の水質検査では、比色法により検出されることが望ましいとされています。

浄化槽汚泥

浄化槽の清掃時に引き出される汚泥のことです。

浄化槽工事

浄化槽を設置し、またはその構造もしくは規模の変更をする工事のことです。

浄化槽法

浄化槽によるし尿、生活雑排水の適正な処理を図り、これを通じて生活環境の保全および公衆衛生の向上に寄与することを目的とする法律です。

消毒槽

水に塩素を接触させて消毒を行う槽のことです。塩素剤として次亜塩素酸カルシウム系や塩素化イソシアヌル酸系の錠剤が用いられています。

処理対象人員

浄化槽の処理規模を表す指標の1つ。建築物から排出される生活排水の水量、水質から算定した汚濁負荷量を1人1日当たりの人口当量(ある排水が標準家庭下水の何人分に相当するかを示す値)に換算した人員のことです。

処理対象人員算定基準

浄化槽の処理対象人員の算定にかかわる基準。JIS A 3302に定められています。

水質汚濁防止法

水質の向上および事業場の排水を規制し、生活排水対策の実施を推進することによって公共用水域および地下水の汚濁防止を図り、また被害者の保護を図ることを目的としています。浄化槽では501人槽以上が特定施設とされているほか、水域によって201～500人槽がみなし特定施設に指定されています。

スカム

嫌気ろ床槽や沈殿槽等の水面に浮上した固形物のことです。

逆洗装置

接触ばっ気槽等において、逆洗を行う装置です。

生活環境項目

生活環境に影響をおよぼす恐れのあるものとして定められた項目をいい、pH、BOD、COD、DO、SS、大腸菌群、n－ヘキサン抽出物質含有量、全窒素、全リンの9項目について定められています。

接触材

接触ばっ気槽内に充填し、生物膜を付着させるための担体です。

接触ばっ気槽

接触ばっ気法を用いた生物反応装置で、接触材、ばっ気装置、逆洗装置および汚泥移送装置から構成されています。

送風機

酸素を供給する機械の総称です。浄化槽ではブロワともいいます。

単独処理浄化槽

浄化槽のうち、水洗便所排水のみを処理するものです。

沈殿槽

汚水等を緩やかに流すことにより、水中に懸濁する固形物を沈殿分離し、上澄水を流出させる単位装置です。

沈殿分離槽

汚水中に含まれる浮遊物質や夾雑物を沈殿分離するとともに、分離された固形物および生物処理工程から移送された汚泥を貯留する単位装置です。

二次処理

一次処理で除去できない微細な SS や溶解性有機物質を細菌を主体とする微生物による生物吸着・酸化作用により除去する処理工程です。

農業集落排水事業

農業振興地域の整備に関する法律に基づき指定される、農業振興地域で行われる国庫補助による農業集落排水施設の整備事業です。

排水基準

水質汚濁防止法により定められた、全国一律に適用される放流水の水質基準のことです。

ばっ気

接触ばっ気槽等で浄化に貢献する微生物群に必要な酸素を供給するための操作です。

富栄養化

窒素やリン等の栄養塩類(植物の生育を促進する成分)の流入により、海域や湖沼の植物プランクトンが多量に発生し、次第に水質汚濁が進行していく現象のことです。

閉鎖性水域

内海、内湾、湖沼のことです。河川や外洋に比べて水の交換が悪く、富栄養化が生じやすいです。

法定検査

浄化槽法において定められた水質に関する検査です。

8-3 し尿浄化槽の豆知識

浄化槽の種類とその保守

> **Point**
> ● 浄化槽は、バクテリアの分解能力で生活廃水を浄化する設備です。
> ● 単独処理浄化槽は、便所の汚水のみを処理する浄化槽です。
> ● 浄化槽の法的義務は「浄化槽法」に定められています。

浄化槽の仕組み

便所や台所、風呂、洗濯などの生活排水を浄化槽へ導入し、浄化槽内でバクテリア(微生物)の働きにより分解処理をして、上澄みの水だけを槽外へ排出するという仕組みです。

単独処理浄化槽と合併処理浄化槽の違い

単独処理浄化槽は、便所の汚水のみを処理する浄化槽です。よって、建物内の配管系統は汚水管と雑排水管の分流配管系統としなければなりません。

合併処理浄化槽は、汚水のほか雑排水も含めて排出するすべての排水を処理します。ただし、雨水は含みません。平成13年4月からは浄化槽設置の際には原則、合併処理浄化槽が義務付けられています。

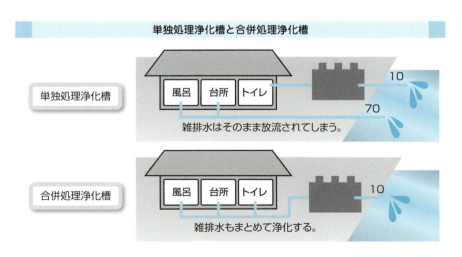

単独処理浄化槽と合併処理浄化槽

浄化槽の法的義務

浄化槽法(昭和60年10月施行)で、所有者等を**浄化槽管理者**と定め、点検保守・清掃・法定検査を3つの義務として課しています。

「浄化槽の保守点検と清掃を毎年、法律で定められた回数を行い、その記録を3年間保存しなければならない。また、指定検査機関の行う水質に関する検査を受けなければならない」。

浄化槽法の規定に違反すると処罰されることがあります。

浄化槽 Q&A

Q：浄化槽の上に物を置いてもよいですか？
A：上部に物を置くと点検、清掃や故障時の作業ができにくくなりますので避けてください。

Q：ブロアーの電源を切ってもよいですか？
A：ブロアーは浄化槽内の微生物に空気を与え、水を攪拌する働きをしています。電源を切ると、微生物の働きを弱めたり死滅させ、浄化槽の機能を停止させることになりますので絶対電源は切らないでください。

Q：トイレ用洗剤は使ってもよいですか？
A：市販のトイレ用洗剤であれば、あまり問題はありません。が、必要以上に多量には使用しないよう心掛けてください。

8-4 浄化槽の設計

建築物の用途別によるし尿浄化槽の処理対象人員算定基準により設計開始です

Point
- 浄化槽法の改正により、平成13年4月1日以降は「合併処理浄化槽」の設置が義務付けられました。
- 「単独処理浄化槽」が廃止されました。

設計基準

① 建物からの生活排水を終末処理場を有する公共下水道以外に放流する場合は、合併処理浄化槽を設置します。
② 浄化槽の構造は、建築基準法の定めるところによります。
③ 処理方式の選定に際しては、建物の用途、放流水質、気象条件、立地条件、公害問題、維持管理等を考慮し総合的に選定します。

設置原則事項とその留意事項

浄化槽の設置は、原則として次のようになります。
① 建物からの排水がポンプアップなしで流入しうるよう、低地に設置します。
② 排水先の水位変動による汚水の逆流がないようにします。
③ 公害問題を起こさないよう建物から離して設置します。ただし、やむを得ず建物に近接して設置する場合は、特に防臭・防音に傾注します。
④ 周囲の空地は緑化とします。また、危険防止のため、周囲に柵を、マンホールやチェッカープレートには脱落防止装置を設けます。
⑤ 収集運搬車による汚泥搬出が容易に行えるようにします。
⑥ 躯体構造については、次の関連事項を建築担当者と十分打ち合わせをします。
　・設置場所の地質、杭の必要性、土留め工法
　・地下水位による槽の浮力
　・槽上部をやむを得ず駐車場にする場合の荷重割増
⑦ 施設内には、必要に応じて、清掃用水栓、コンセント、照明器具等を設けます。
⑧ 機械室および上屋の換気回数は、10～15回/hとします。なお、換気ダクトの材料は、耐食性のよいものを使用します。

浄化槽の選定手順

浄化槽の選定に当たっては次の手順にしたがってください。

① **処理対象人員を算定**

「建築物の用途別によるし尿浄化槽の処理対象人員算定基準 (JIS A 3302-2000)」(平成12年3月31日改正)により、処理対象人員を算定します。

② **放流水質の決定**

放流先の河川等の放流水質の基準値を行政と協議し、放流水質を決定します。

③ **対象人員の算定数より、汚水量の算出をします。次に、流入水質を決定します。**

④ **浄化槽の処理方式の選定。**

専門製造メーカーとの相談および協議をして選定するのがよいでしょう。

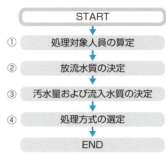

処理対象人員算定基準 (JIS A 3302-2000)

(JISA3302-2000)

途類番似号用			建築用途	算定人員 n(人)	算定単位
1	集会場施設関係	イ	公会堂・集会場・劇場・映画館・演芸場	n=0.08A	A:延べ面積(㎡)
		ロ	競輪場・競馬場・競艇場	n=16C	C:総便器数(個)
		ハ	観覧場・体育館	n=0.065A	A:延べ面積(㎡)
2	住宅施設関係	イ	住宅	A≦130:n=5 A>130:n=7	A:延べ面積(㎡) n:人員(人)
		ロ	共同住宅	n=0.05A	A:延べ面積(㎡)
		ハ	下宿・寄宿舎	n=0.07A	A:延べ面積(㎡)
		ニ	学校寄宿舎・自衛隊キャンプ宿舎 老人ホーム・養護施設	n=P	P:定員(人)

8-4 浄化槽の設計

類似用途番号	類似用途	建築用途			処理対象人員	
					算定人員 n(人)	算定単位
3	宿泊施設関係	イ	ホテル・旅館		n=0.15A	結婚式場・宴会場有 A:延べ面積(㎡)
					n=0.075A	結婚式場・宴会場無 A:延べ面積(㎡)
		ロ	モーテル		n=5R	R:客室数
		ハ	簡易宿泊所・合宿所・ユースホステル・青年の家		n=P	P:定員(人)
4	医療施設関係	イ	病院 療養所 伝染病院	業務用の厨房設備または洗濯設備を設ける場合		
				300床未満の場合	n=8B	B:ベッド数(床)
				300床以上の場合	n=11.43(B−300)+2400	B:ベッド数(床)
				業務用の厨房設備または洗濯設備を設けない場合		
				300床未満の場合	n=5B	B:ベッド数(床)
				300床以上の場合	n=7.14(B−300)+1500	B:ベッド数(床)
		ロ	診療所・医院		n=0.19A	A:延べ面積(㎡)
5	店舗関係	イ	店舗・マーケット		n=0.075A	A:延べ面積(㎡)
		ロ	百貨店		n=0.15A	A:延べ面積(㎡)
		ハ	飲食店	一般の場合	n=0.72A	A:延べ面積(㎡)
				汚濁負荷の高い場合	n=2.94A	A:延べ面積(㎡)
				汚濁負荷の低い場合	n=0.55A	A:延べ面積(㎡)
		ニ	喫茶店		n=0.80A	A:延べ面積(㎡)

8-4 浄化槽の設計

用途番号	類似用途		建築用途			処理対象人員	
						算定人員 n(人)	算定単位
6	娯楽施設関係	イ	玉突場・卓球場			n=0.075A	A:延べ面積(㎡)
		ロ	パチンコ店			n=0.11A	A:延べ面積(㎡)
		ハ	囲碁クラブ・麻雀クラブ			n=0.15A	A:延べ面積(㎡)
		ニ	ディスコ			n=0.50A	A:延べ面積(㎡)
		ホ	ゴルフ練習場			n=0.25S	S:打席数(数)
		ヘ	ボーリング場			n=2.50L	L:レーン数(レーン)
		ト	バッテング場			n=0.20S	S:打席数(数)
		チ	テニス場			ナイター設備無 n=2S	S:コート面数(面)
						ナイター設備有 n=3S	S:コート面数(面)
		リ	遊園地・海水浴場			n=16C	C:便器数(個)
		ヌ	プール・スケート場			n=20C+120U/8×t C:大便器数(個) U:小便器数(個) t:1~2	
		ル	キャンプ場			n=0.56P	P:収容人員(人)
		ヲ	ゴルフ場			n=21H	H:ホール数(ホール)
7	駐車場関係	イ	サービスエリア	便所	一般部	n=3.60P	n:人員(人) P:駐車ます数(ます)
					観光部	n=3.83P	
					売店なしPA	n=2.55P	
				売店	一般部	n=2.66P	
					観光部	n=2.81P	
		ロ	駐車場・自動車車庫			n=20C+120U/8×t t:0.4~2.0	
		ハ	ガソリンスタンド			n=20	1営業所当たり
8	学校施設関係	イ	保育所・幼稚園・小学校・中学校			n=0.20P	P:定員(人)
		ロ	高等学校・大学・各種学校			n=0.25P	P:定員(人)
		ハ	図書館			n=0.08A	A:延べ面積(㎡)

途番号	類似用途		建築用途	処理対象人員	
				算定人員 n(人)	算定単位
9	事務所関係	イ	事務所	厨房設備有 n=0.075A	A:延べ面積(㎡)
				厨房設備無 n=0.06A	A:延べ面積(㎡)
10	作業所関係	イ	工場・作業所・研究所・試験所	厨房設備有 n=0.75P	P:定員(人)
				厨房設備無 n=0.30P	P:定員(人)
11	1〜10の用途に属さない施設	イ	市場	n=0.02A	A:延べ面積(㎡)
		ロ	公衆浴場	n=0.17A	A:延べ面積(㎡)
		ハ	公衆便所	n=16C	C:総便器数(個)
		ニ	駅・バスターミナル	乗降客10万人/日未満	
				n=0.008P	P:乗降客数(人/日)
				乗降客10万人/日〜20万人未満	
				n=0.010P	P:乗降客数(人/日)
				乗降客20万人/日以上	
				n=0.013P	P:乗降客数(人/日)

*共同住宅において1戸当たりのnが3.5人以下の場合は、1戸当りのnを3.5人とする。または、2人(1戸が1居室だけで構成されている場合に限る)とし、1戸当りのnが6人以上の場合は1戸当りのnを6人とする。

索引
INDEX

■ 数字

6 面点検スペース・・・・・・・・・・・・・・・・・ 34
10 分間最大降雨量 ・・・・・・・・・・・・・ 138

■ アルファベット

BOD 除去率 ・・・・・・・・・・・・・・・・・・ 272
COD ・・・・・・・・・・・・・・・・・・・・・・・・・ 273
DO ・・・・・・・・・・・・・・・・・・・・・・・・・・ 273
FRP ・・・・・・・・・・・・・・・・・・・・・・・・・ 273
J（ジュール）・・・・・・・・・・・・・・・・・ 237
LP ガス ・・・・・・・・・・・・・・・・・・・・・ 255
N（ニュートン）・・・・・・・・・・・・・・ 237
Pa（パスカル）・・・・・・・・・・・・・・・ 237
pH ・・・・・・・・・・・・・・・・・・・・・・・・・・ 273
SI 単位 ・・・・・・・・・・・・・・・・・・・・・・ 237
SS ・・・・・・・・・・・・・・・・・・・・・・・・・・ 273
T-N ・・・・・・・・・・・・・・・・・・・・・・・・・ 273
T-P ・・・・・・・・・・・・・・・・・・・・・・・・・ 274
W（ワット）・・・・・・・・・・・・・・・・・ 237

■ あ行

赤水・・・・・・・・・・・・・・・・・・・・・・・・・・ 24
圧力水槽方式・・・・・・・・・・・・・・・・・・ 30
洗落し式・・・・・・・・・・・・・・・・・・・・・ 179
洗出し式・・・・・・・・・・・・・・・・・・・・・ 179
泡消火設備・・・・・・・・・・・・・・・・・・・ 224
泡ヘッド・・・・・・・・・・・・・・・・・・・・・ 224
維持管理・・・・・・・・・・・・・・・・・・・・・ 274
インバート桝・・・・・・・・・・・・・・・・・ 126
ウォーターハンマ・・・・・・・・・・・・・・ 25

ウォッベ指数・・・・・・・・・・・・・・・・・ 234
雨水管径・・・・・・・・・・・・・・・・・・・・・ 160
雨水槽・・・・・・・・・・・・・・・・・・・・・・・ 167
雨水排水・・・・・・・・・・・・・・・・・・・・・ 134
雨水横走管・・・・・・・・・・・・・・・・・・・ 160
雨水立管・・・・・・・・・・・・・・・・・・・・・ 160
雨水流出抑制施設装置・・・・・・・・・ 138
雨水流出量・・・・・・・・・・・・・・・・・・・ 142
渦巻ポンプ・・・・・・・・・・・・・・・・・・・・ 50
上向き供給方式・・・・・・・・・・・・・・・・ 83
衛生器具設備・・・・・・・・・・・・・・・・・・ 10
屋外消火栓・・・・・・・・・・・・・・・・・・・ 208
屋外用ガス機器・・・・・・・・・・・・・・・ 244
屋内消火栓・・・・・・・・・・・・・・・・・・・ 202
屋内消火栓設備・・・・・・・・・・・・・・・ 193
屋内排水設備・・・・・・・・・・・・・・・・・ 133
汚水・・・・・・・・・・・・・・・・・・・・・・・・・ 134
汚水槽・・・・・・・・・・・・・・・・・・・・・・・ 167
汚泥処理・・・・・・・・・・・・・・・・・・・・・ 274
汚物流し・・・・・・・・・・・・・・・・・・・・・ 126

■ か行

潰食・・・・・・・・・・・・・・・・・・・・・・・・・・ 93
開放式膨張タンク・・・・・・・・・・・・・ 116
架橋ポリエチレン管・・・・・・・・・・・ 122
ガス機器・・・・・・・・・・・・・・・・・・・・・ 241
ガス事業法・・・・・・・・・・・・・・・・・・・ 238
ガス配管口径・・・・・・・・・・・・・・・・・ 251
ガスメーター・・・・・・・・・・・・・・・・・ 258
合併処理浄化槽・・・・・・・・・・・・・・・ 275

ガバナ（整圧器）	235
簡易概算給水量算定法	46
環境基準	276
間接加熱式	85
間接排水	128
管種別流量線図	57
管摩擦損失水頭	69
管路係数	71
機械式排水	134
器具給水単位	59
器具数法	103
器具排水負荷単位法	145
逆サイホン作用	27
逆止弁	167
逆洗装置	276
逆流防止器	26
キャビテーション	27
給水器具	175
給水人員	38
給水栓	21
給水負荷単位	37
給水方式	30
給湯管	122
給湯単位法	105, 106
強制気化方式	255
強制循環方式	84
局所式給湯	82
局部抵抗	69
許容圧力損失	252
許容摩擦損失水頭	57
許容摩擦抵抗R値	71
許容流量	151
空気だまり	92
クロスコネクション	25
警報設備	192
下水道	276
結合通気管	136
嫌気性	273
嫌気性処理	276
嫌気ろ床槽	277
降雨強度公式	142
好気性	273
好気性処理	277
公共水域	277
高置水槽方式	30
高度処理型浄化槽	277
高発泡用泡放出口	225
合流式	134
合流排水槽	167
小型合併処理浄化槽	277
国際規格(ISO規格)	15
国家規格(JIS規格、JAS規格)	15
個別給湯方式	98

さ行

サージング	27
サーモスタット	91
最大予想給水量	49
サイホン式	179
サイホンゼット式	179
サイヤミューズコネクション(送水口)	195
先止め式	85
残留塩素	277

自己サイホン作用	170	除害施設	10
死水（たまり水）	48	処理設備	10
止水栓	21	処理対象人員	278
システム配管	122	処理対象人員算定基準	278
自然気化方式	255	人員法	28
自然循環方式	84	伸縮管	91
下向き供給方式	83	伸縮継手	91
実揚程（静水頭）	50	伸頂通気管	136
自動空気抜き弁	92	水質汚濁防止法	278
自動湯温安定式	91	水質管理目標設定項目	23
し尿浄化槽	270	推測式メーター	74
集毛器（ヘアキャッチャ）	118	吸い出し作用	170
重力式排水	134	水道水質基準	23
取水施設	18	水道直結給水方式	34
受水槽方式	30	水道用硬質塩化ビニルライニング鋼管	73
循環	118	水道用ステンレス鋼鋼管	73
瞬間式	86	水道用耐衝撃性硬質塩化ビニル管	73
瞬間貯湯式	86	水道用塗覆装鋼管	73
循環ポンプ	112	水道用ポリエチレン管	73
瞬間湯沸器	98	スカム	279
瞬時最大予想給湯量	110	スプリンクラーヘッド	194
昇圧防止装置	236	生活環境項目	279
消火設備	10	接触ばっ気槽	279
浄化槽汚泥	278	節水	24
浄化槽管理者	282	浅井戸	22
浄化槽法	282	洗浄弁方式	178
消火用水槽	202	潜熱	94
使用給水量	28	送水施設	20
上水	24	速度水頭	50
浄水	18	阻集器	127
浄水施設	20		
消防法施行令別表第1	198		

た行

第一種液化石油ガス器具	255
建物用途別給湯量	102
ダブルトラップ	170
単管式	86
単独処理浄化槽	279
地表水	18
中央式給湯	82
中水	24
跳出	170
直接加熱式	85
貯水施設	20
直結給水方式	30
直結増圧給水方式	30, 34
直結増圧方式	30
貯湯式	86
通気管	128
通気設備	10
通気方式	128
通気立管	136
定常流量法	150
電気火災	196
電食	75
同時使用換算係数表	57
同時使用率	145
導水施設	20
吐水口空間	26
トラップ	127, 168
トルク（力）	52

な行

逃し管（膨張管）	92
逃し通気管	136
逃し弁	117
二重トラップ	129
人数算定法	42
熱損失	91
燃焼の3要素	195

は行

排煙設備	192
配管抵抗	69
排水管径	144
排水器具	174
排水基準	280
排水系統	134
配水施設	20
排水槽	167
排水対象人員	139
排水の系統区分	132
排水負荷流量	144
排水方式	134
排水横枝管	136
排水横主管	136
排水立管	136
排水流量	142
排水量算定基準	139
バキュームブレーカ	26
ばっ気	280
はね出し作用	170
引込み管ガス遮断装置	235
避難設備	192
封水	169
封水強度	169

封水深・・・・・・・・・・・・・・・・・・・・・・・・ 168
富栄養化・・・・・・・・・・・・・・・・・・・・・・・・ 280
不活性ガス消火設備・・・・・・・・・・・・ 196
負荷流量 QL・・・・・・・・・・・・・・・・・・・ 150
複管式・・・・・・・・・・・・・・・・・・・・・・・・・・ 86
伏流水・・・・・・・・・・・・・・・・・・・・・・・・・・ 19
腐食対策・・・・・・・・・・・・・・・・・・・・・・・・ 92
ブランチ間隔・・・・・・・・・・・・・・・・・・ 129
フレキシブル管・・・・・・・・・・・・・・・・・ 91
フレキシブル継手・・・・・・・・・・・・・・ 167
ブローアウト式・・・・・・・・・・・・・・・・ 179
粉末消火設備・・・・・・・・・・・・・・・・・・ 197
分流式・・・・・・・・・・・・・・・・・・・・・・・・ 134
閉鎖性水域・・・・・・・・・・・・・・・・・・・・ 280
返湯管・・・・・・・・・・・・・・・・・・・・・・・・・ 86
防火水槽・・・・・・・・・・・・・・・・・・・・・・ 192
防火対象物・・・・・・・・・・・・・・・・・・・・ 198
膨張管・・・・・・・・・・・・・・・・・・・・・・・・・ 92
膨張水・・・・・・・・・・・・・・・・・・・・・・・・ 116
膨張水槽・・・・・・・・・・・・・・・・・・・・・・・ 93
ポンプ直送方式・・・・・・・・・・・・・・・・・ 30
ポンプの揚程・・・・・・・・・・・・・・・・・・ 112

ま行

摩擦損失水頭・・・・・・・・・・・・・・・・・・・ 50
摩擦抵抗値・・・・・・・・・・・・・・・・・・・・・ 69
水使用時間率・・・・・・・・・・・・・・・・・・・ 37
水噴霧ヘッド・・・・・・・・・・・・・・・・・・ 222
水噴霧消火設備・・・・・・・・・・・・・・・・ 222
密閉型膨張水槽・・・・・・・・・・・・・・・・・ 93
密閉式膨張タンク・・・・・・・・・・・・・・ 117
毛管現象・・・・・・・・・・・・・・・・・・・・・・ 170

元止め式・・・・・・・・・・・・・・・・・・・・・・・ 85

や行

夜間電力・・・・・・・・・・・・・・・・・・・・・・・ 94
やけど対策・・・・・・・・・・・・・・・・・・・・・ 91
有機汚濁指標・・・・・・・・・・・・・・・・・・ 272
油火災・・・・・・・・・・・・・・・・・・・・・・・・ 197
湯水混合水栓・・・・・・・・・・・・・・・・・・ 185
揚水ポンプ・・・・・・・・・・・・・・・・・・・・・ 50
揚水量・・・・・・・・・・・・・・・・・・・・・・・・ 167
横枝管平均排水流量 qd'・・・・・・・・・ 154

ら行

ラインポンプ・・・・・・・・・・・・・・・・・・ 112
離隔距離・・・・・・・・・・・・・・・・・・・・・・ 236
リバースリターン配管方式・・・・・・・ 84
流出係数・・・・・・・・・・・・・・・・・・・・・・ 166
流達時間・・・・・・・・・・・・・・・・・・・・・・ 166
流量線図・・・・・・・・・・・・・・・・・・・・・・・ 55
ループ通気管・・・・・・・・・・・・・・・・・・ 136
レジオネラ症・・・・・・・・・・・・・・・・・・ 118
連結散水設備・・・・・・・・・・・・・・・・・・ 220
連結送水管・・・・・・・・・・・・・・・・・・・・ 192
連結送水管設備・・・・・・・・・・・・・・・・ 211
ろ過設備・・・・・・・・・・・・・・・・・・・・・・ 118

著者プロフィール

土井　巖（どい　いわお）

(有)巖技術研究所　代表取締役、建築設備士、建築設備検査資格者

【略　歴】
1947年生 茨城県出身、専修大学商学部卒業。
1965年4月(株)相和技術研究所技術部入社、1969年3月退社。
1969年4月 巖技術研究所設立
1970年4月有限会社巖技術研究所成立、現在に至る。
1981年～1983年　YMCA 一級建築士受験講座・設備担当講師
1989年4月～1996年3月　青山設計製図専門学校建築設備科講師
その他、水槽診断士認定講習会、マンション維持管理士受験講座の講師などを歴任。

【著書・その他】
初級給排水衛生設備設計マニュアル・主査（東京都設備設計事務所協会編、丸善）
初級空気調和設備設計マニュアル・主査（東京都設備設計事務所協会編、丸善）
初級電気設備設計マニュアル・主査（東京都設備設計事務所協会編、丸善）
KHP設計マニュアル・編纂委員長（石油連盟共著）
床暖房設備設計マニュアル・編纂委員長（床暖房施工協会共著）
KHP設計・施工マニュアル（共著、エクスナレッジ発行）
図解入門よくわかる最新建築設備の基本と仕組み（秀和システム）
設備計算ソフト「インカル」開発・制作、
現在は「Jim-CAL（ジムカル）[カンキョウエンジニアリング販売]」
1997年9月号～2015年3月号 月刊「コア」実務講座連載　日本設備工業新聞社発行

参考文献
「空気調和衛生工学便覧」、社団法人空気調和衛生工学会
「空調・給排水の大百科」、社団法人空気調和衛生工学会
「建築設備設計基準」、国土交通省大臣官房官庁営繕部設備・環境課
「建築設備の知識」、社団法人建築設備技術者協会
「建築設備設計マニュアル」、社団法人建築設備技術者協会
「空気調和・衛生設備データブック」、社団法人空気調和衛生工学会
「図解入門よくわかる最新建築設備の基本と仕組み」、秀和システム

【謝　意】
ＴＯＴＯ株式会社、荏原テクノサーブ株式会社、株式会社金門製作所、リンナイ株式会社、株式会社ノーリツ、株式会社小島製作所、株式会社ショウエイ、伊藤鉄工株式会社、クボタ浄化槽システム株式会社、フジクリーン工業株式会社、伊藤工機株式会社、東京ガス株式会社、ヤマトプロテック株式会社、社団法人日本消火装置工業会

●注意

(1) 本書は著者が独自に調査した結果を出版したものです。
(2) 本書は内容について万全を期して作成いたしましたが、万一、ご不審な点や誤り、記載漏れなどお気付きの点がありましたら、出版元まで書面にてご連絡ください。
(3) 本書の内容に関して運用した結果の影響については、上記(2)項にかかわらず責任を負いかねます。あらかじめご了承ください。
(4) 本書の全部または一部について、出版元から文書による承諾を得ずに複製することは禁じられています。
(5) 本書に記載されているホームページのアドレスなどは、予告なく変更されることがあります。
(6) 商標
本書に記載されている会社名、商品名などは一般に各社の商標または登録商標です。

本文イラスト：張野真弓

図解入門 よくわかる
最新 給排水衛生設備の基本と仕組み
【第2版】

発行日	2019年 5月20日	第1版第1刷
	2022年 6月15日	第1版第3刷

著　者　土井　巖

発行者　斉藤　和邦
発行所　株式会社　秀和システム
〒135-0016
東京都江東区東陽2-4-2　新宮ビル2F
Tel 03-6264-3105（販売）Fax 03-6264-3094

印刷所　三松堂印刷株式会社　　　Printed in Japan

ISBN978-4-7980-5815-3 C3052

定価はカバーに表示してあります。
乱丁本・落丁本はお取りかえいたします。
本書に関するご質問については、ご質問の内容と住所、氏名、電話番号を明記のうえ、当社編集部宛FAXまたは書面にてお送りください。お電話によるご質問は受け付けておりませんのであらかじめご了承ください。